인생에 대하여

일러두기

1. 이 책은 구 소련에서 발간된 『톨스토이 전집』(1928~1958, 전 90권) 26권(1936년)에 실린 《인생에 대하여》(О жизни)를 우리말로 옮긴 것이다.

2. 이 책의 번역 대본으로 《Толстой Л. О жизни в полном собрании сочинений в 90-х томах. Т. 26》(М.: Художественная литература, 1936)를 사용하였다.

3. 본문에 나오는 성경 구절은 《공동번역성경》(대한성서공회)의 번역을 따랐다.

인생에 대하여

레프 톨스토이 | 홍대화 옮김

Lev Tolstoy

BOOKERS
CLASSIC

인간은 자연의 가장 연약한 갈대에 지나지 않지만, 생각하는 갈대이다. 그를 무너뜨리기 위해 온 우주가 무장할 필요는 없다. 증기 한 방울, 물 한 방울이면 그를 죽일 수 있다. 그러나 우주가 인간을 아무리 짓밟을지라도, 우주가 짓밟을 때 인간은 자기가 죽어 가고 있다는 사실을 알기에 그를 죽이는 우주보다 훨씬 더 고귀한지도 모른다. 그러나 우주는 자신이 사람보다 더 많은 특권을 소유하고 있다는 것을 전혀 알지 못한다. 따라서 우리의 모든 존엄성은 사유한다는 데서 나온다. 우리는 우리가 채울 수 있는 시간과 공간과의 관계에서가 아니라, 이런 관점에서 자신을 높이 봐야 한다. 노력해서 잘 사유하는 것을 배우자. 그것이 바로 도덕의 원리이다.

–

파스칼

내 위로 별이 빛나는 하늘과 내 안의 도덕률이 새로운 감탄과 경외심으로 내 마음을 점점 더 많이 끊임없이 채우며 커지면 커질수록, 사유는 더 자주 더 깊게 이들에 집중한다. 암흑이나 나락에 덮인 듯 내가 서 있는 세계 밖에 존재하는 이 두 세계(별과 내 안의 도덕률)를 나는 연구하는 게 아니라 가정해야 할 뿐이다. 나는 그들을 눈앞에서 보며 내 존재의 의식과 직접 연결한다. 첫째는 외적이고 감각적인 세계에서 내가 차지하는 지점에서 출발해 내가 속한 관계를 확장하고, 세계의 세계, 체계들의 체계들에 비해 헤아릴 수 없는 크기로 넓어져서 자신의 주기적인 움직임, 시작과 지속을 그 너머 무한의 시간 속으로 확장해 간다. 둘째는 보이지 않는 '나', 나의 개체에서 시작해서, 진정한 무한성을 지니고 있으며 오성으로만 지각할 수 있는 세계 속에 있는 나를 표현한다. 나는 그 세계와 함께, 그 세계를 통해, 그리고 눈에 보이는 다른 모든 세계와 함께 마치 저쪽에 있는 듯 우연한 관계뿐 아니라, 보편적이고 필수적인 관계 속에 있는 나를 지각한다.

—

칸트《실천이성비판》

나는 너희에게 새 계명을 주겠다.
서로 사랑하여라.

–

요한복음 13:34

물레방아가 생계의 유일한 수단인 한 남자를 상상해 보자. 물레방아 주인의 손자이자 아들인 이 남자는 가루를 잘 빻기 위해 물레방아 전체를 어떻게 다뤄야 하는지 선조의 가르침에 따라 아주 잘 알고 있다. 이 남자는 역학은 몰라도 곡물 빻는 일이 신속하게 잘 진행되도록 이제까지 가능한 한 최선을 다해 물레방아의 모든 부분을 조절하며 생계를 유지해 왔다.

그런데 이 남자가 우연한 기회에 물레방아의 구조에 대해 골몰하게 되었고, 역학에 대해 뭔가 확실하지 않은 이야기를 듣고서는, 물레방아의 어떤 부분이 어떤 원리로 돌아가는지를 관찰하기 시작했다.

그리고 공이에서 절구로, 절구에서 회전축으로, 회전축에서 물레바퀴로, 물레바퀴에서 수문으로, 둑으로, 마침내는 물까지 올라가 모든 과정이 둑과 강에 달렸다는 것을 명료하게 이해하게 되었다. 이 남자는 이를 발견하고 뛸 듯이 기뻤다. 그 후 그는 나오는 곡물가루의 품질을 예전처럼 비교하고 맷돌을 내리고 올리고 단련하고 벨트를 당기고 푸는 대신, 강을 연구하기 시작했다. 그러자 그의 물레방아는 완전히 망가지고 말았다. 사람들은 그가 일을 잘못하고 있다고 말하기 시작했다. 그는 다른 사람들과 논쟁을 벌이며 강에 대한 궁리를 계속했다. 그는 아주 오래도록 이 일에 몰두했고, 자신의 사고방식이 부정확하다고 지적하는 사람들과 한참 동안 뜨겁게 논쟁을 벌이다가 종국에는 강이 곧 물레방아라고 확신하게 되었다.

그의 생각이 잘못되었다는 모든 증거에 대해 이 물레방아 주인은 이렇게 대답할 것이다.

"물 없이는 물레방아가 돌아가지 않는다. 그러므로 물레방아를 알기 위해서는 물을 어떻게 흘려보내는지 알아야 한다. 물이 움직이는 세기를 알아야 하고, 그 세기가 어디서 비롯하는지를 알아야 한다. 그러므로 물레방아를 알려면 강을 알아야 한다."

물레방아 주인의 이런 생각을 논리적으로 반박하기는 어렵다. 그를 망상에서 벗어나게 할 유일한 방법은 모든 논의에서 중요한 건 생각 자체가 아니라, 생각이 자리를 잡아야 하는 위치, 즉 생산적으로 생각하기 위해 무엇이 먼저이고 무엇이 나중인지 아는 게 꼭 필요하다고 가르쳐 주는 것이다.

그리고 합리적 활동은 어떻게 불합리한 활동과 구분되는 것인지 첫 번째, 두 번째, 세 번째, 혹은 열 번째까지 중요한 순서대로 생각을 배정해서 알려 줘야 한다. 그런 순서 없이 논의를 진행하는 것은 불합리한 활동이다. 이런 순서를 결정하는 것은 우연이 아니라, 논의의 목적에 의해 좌우된다는 것도 그에게 가르쳐 줘야 한다.

모든 논의의 목적은 이 순서를 정하는 것이고, 합리적인 것이 되기 위해서는 개별적 생각들이 순서에 따라 배정되어야만 한다.

모든 논의의 공통 목적과 상관없는 생각은 아무리 논리적이라고 할지라도 비합리적이다.

물레방아 주인의 목적은 곡물을 잘 빻는 것이다. 이것을 놓치지만 않는다면, 이 목적은 회전축, 물레바퀴, 수문과 강에 대한 논의의 순서와 논리정연함을 결정하게 될 것이다.

논의의 목적과 상관없는 물레방아 주인의 생각은 아무리 멋지고 논리적이라고 할지라도 그 자체로 옳지 않고, 중요한 건, 헛수고이다. 그의 생각은, 만약 코끼리가 새처럼 알에서 태어난다면 코끼리 알껍데기의 두께가 얼마나 될지를 논한 키파 모케예비치[1]의 논의와 유사할 것이다. 내가 생각하기에 우리 시대의 학

---

[1] 19세기 초반 러시아 작가 고골(1809~1852)의 소설 《죽은 혼》(1842) 1부 11장에 나오는 등장인물의 이름이다. 그는 온유하지만, 태만하고 가정을 돌보지 않는 삶을 살며 어리석은 사변, 예를 들면 '왜 짐승은 벌거벗은 채로 태어났을까?'와 같은 사변에 취해 산다. 이 이름은 교육을 많이 받지 못했지만, 공허한 철학적 사변에 취해 사는 사람들의 대명사이다.

문에서 진행되는 삶[2]에 대한 논의에는 이와 유사한 점이 있다.

삶은 그 남자가 연구하고 싶어 하는 바로 그 물레방아이다. 물레방아는 곡물을 잘 빻는 데 필요하고, 삶은 훌륭한 것이 되기 위해서만 필요하다. 그리고 그가 이런 연구의 목적을 한순간이라도 버린다면 제대로 되는 일이 없을 것이다. 만약 그가 이 목적을 버린다면 그의 논의는 필경 설 자리를 잃고 코끼리 알껍데기를 부수기 위해 어떤 화약이 필요한지를 궁리하는 키파 모케예비치의 논의와 유사하게 될 것이다.

사람은 오직 더 잘 살기 위해 삶을 연구한다. 지식의 길에서 인류를 진일보시킨 사람들이 인생을 그렇게 연구했다. 그러나 인류의 이러한 참된 스승과 은인 옆에는, 논의의 목적을 포기하고 그 대신 생명이 어디에서 나왔는지, 그러니까 물레방아가 왜 돌아가는지와 같은 문제를 다루며 분석하는 논평가들이 항상 존재해 왔고, 지금도 존재한다. 어떤 이들은 물레방아가 물 때문에 돌아간다고 하고, 또 어떤 이들은 기계 장치로 인해 돌아간다고

---

2   러시아어로 жизнь(쥐즌)이라는 단어이다. 이 단어는 생명을 의미하기도 하고, 삶, 인생을 의미하기도 한다. 한국어로 삶과 생명, 인생은 엄연히 뜻이 다른데, 러시아어는 이 한 단어로 세 의미를 표현하기 때문에 번역상 어려움이 생기지 않을 수 없다. 톨스토이는 과학자들이 жизнь을 '삶'이나 '인생'의 의미가 아니라, 동물적 '생명'의 관점에서만 바라보고, 그 과학적 관점을 인생 전체를 바라보는 관점으로 확대하려고 하는 것을 비판하고 있다. 그의 인생론은 жизнь을 총체적인 관점에서 바라보려는 시도이다. 이 책에서는 톨스토이가 이 단어를 사용하는 문맥에 맞게 생명, 삶, 인생으로 달리하며 번역하였다.

주장한다. 이런 논쟁이 가열되자, 논의의 주제가 점점 더 곁길로 빠지면서 전혀 다른 주제로 바뀌는 일이 일어나고야 말았다.

유대인과 기독교인 사이의 논쟁을 다루는 오래된 우스갯소리가 하나 있다. 유대인의 복잡미묘한 질문에 대답할 때, 한 기독교인이 유대인의 벗겨진 머리를 손바닥으로 철썩 소리가 나도록 세게 때리고는 그에게 이렇게 물었다. "어디서 철썩 소리가 났는가? 손바닥인가, 아니면 벗겨진 머리인가?" 이로 말미암아 믿음에 대한 논의가 해결할 수 없는 새로운 질문으로 변경되고 말았다.

예전부터 삶의 문제와 관련된 참된 지식에서도 이와 비슷한 일이 있어 왔다.

생명은 어디에서 발생하는가. 비물질적 원리에서인가, 아니면 물질의 다양한 조합에서인가에 대한 논의들은 고대로부터 유명하다. 이러한 논쟁은 오늘날까지 계속되며 그 끝이 보이지 않는데, 이러한 일은 모든 논의의 목적을 포기하고 삶이 그 목적과 상관없이 논해지기에 발생한 것이다. 사람들은 생명이라는 단어로 삶이 아니라, 생명이 어디에서 시작되었는지, 혹은 그것에 수반되는 일이 무엇인지를 설명하고 있다.

이제 사람들은 과학 서적에서뿐만 아니라 일상 대화에서도 생명에 대해 말할 때, 우리가 모두 알고 있는 삶, 즉 내가 두려워하고 미워하는 고통으로 의식하고 내가 원하는 쾌락과 기쁨으로 의식하는 삶을 이야기하지 않는다. 우리는 삶을 어떤 특정 물리 법칙에 따라 우연의 장난에서 발생했을지 모르는 무언가로, 어쩌면 자기 안에 신비한 원인을 가진 것에서 발생했을지 모르는 무언가로 이야기한다.

이제 '생명'이라는 단어는 고통과 쾌락에 대한 의식, 행복 추구와 같은 삶의 주요 특징을 자기 안에 지니고 있지 않은, 무언가 논란의 여지가 많은 것으로 귀결되고 있다.

"삶은 죽음에 저항하는 기능의 집합이다. 생명은 유기체 안에서 제한된 시간 동안 서로를 이어 가는 현상의 집합이다.[3] 생명은 일반적이고 동시에 연속적인 분해와 결합의 이중 과정이다. 생명은 순차적으로 발생하는 각종 변화의 일정한 조합이다. 생명은 활동 가운데 있는 유기체이다. 생명은 유기체의 특별한 활동이다. 생명은 내부가 외부와 맺는 적응 관계이다."

이런 정의들을 채우는 부정확함과 동어반복은 차치하고서라도, 이들 정의의 본질은 모두 한결같다. 즉 '생명'이라는 단어로 모든 이가 두말할 것 없이 똑같이 이해하고 있는 것이 정의되는 것이 아니라, 생명이나 다른 현상에 수반되는 어떤 과정이 정의되는 것에 지나지 않는 것이다.

생명에 대한 이런 정의의 대부분에 적합한 것이 결정체結晶

---

3   원문에는 다음과 같은 불어로 적혀 있다. "La vie est l'ensemble des fonctions, qui resistent à la mort. La vie est l'ensemble des phénomènes, qui se succèdent pendant un temps limité dans un être organisé".

體의 형성[4]이다. 일부의 정의에 적합한 것이 발효, 부패의 작용이고, 모든 정의에 적합한 것이 나쁠 것도, 좋을 것도 전혀 없는 내 몸의 모든 개별 세포의 생명이다. 결정체, 원형질, 원형질의 핵, 내 몸과 다른 몸의 세포에서 일어나는 과정 중 일부가 내 안에서 내 행복을 추구하는 의식과 불가분의 관련을 맺는 단어가 '생명'이라고 불리는 것이다.

생명의 특정 조건을 삶 자체라고 생각하는 것은 강을 물레 방아로 생각하는 것이나 마찬가지이다. 어쩌면 이런 생각은 다른 문제들을 위해 매우 필요한 건지도 모른다. 그러나 이건 그들이 연구하고 싶어 하는 대상을 다루는 생각은 아니다. 그렇기에 이런 생각들로부터 도출되는 삶에 대한 모든 결론은 거짓이지 않을 수 없다.

'삶'이라는 단어는 아주 간결하고 명료해서 이 단어가 무엇을 의미하는지 모르는 사람은 아무도 없다. 이 단어가 무슨 뜻인지 모두가 알고 있으므로 우리는 이 단어를 모두가 이해할 수 있는 의미로 사용해야 할 의무가 있다. 모두에게 이해되는 이유는 이 단어가 다른 단어들을 통해 개념적으로 상당히 정확하게 정의되기 때문이 아니다. 그와는 반대로 이 단어가 그 자체로 전부

---

[4] '결정체의 형성'이란 자연 속에서 결정이 만들어지는 과정을 의미한다. 예를 들면, 액체 온도가 낮아지면서 굳기 시작할 때 분자가 모여 안정화될 때 결정이 만들어진다. 마그마가 굳거나 자연적 혼합물에서 물이 증발할 때 일어날 수 있다.

는 아닐지라도 많은 다른 개념들을 파생시키는 기본 개념이기 때문이다. 그렇기에 이 개념으로부터 결론을 도출하기 위해서는 먼저 모든 이들이 이 개념을 논쟁의 여지가 없으며 핵심적 의미로 받아들여야만 한다. 그런데 내가 보기에 삶에 대한 개념에 대해 서로 논쟁하고 있는 당사자들은 바로 이 점을 간과하고 있는 것 같다. 처음부터 핵심적 의미로 파악되지 못한 삶에 대한 기본 개념은, 숱한 논쟁의 결과로 말미암아 모든 사람이 인정하는 기본적이고 중심적인 개념으로부터 점점 더 멀어지게 되어, 마침내는 자신의 기본 의미를 상실하고 그 의미에 부합하지 않는 다른 의미를 갖게 되었다. 도형을 그리다가 그 도형의 가장 중심부를 버리고 새로운 지점으로 옮겨 가는 일이 발생한 것이다.

그들은 세포나 원형질 혹은 더 낮게 무기물 안에 생명이 있는지 없는지를 두고 논쟁을 벌인다. 그러나 논쟁을 하기 전에 우리는 먼저 생명의 개념을 세포에 귀결시킬 권리가 있는지 물어봐야 한다.

예를 들어 우리는 세포 안에 생명이 있고, 세포는 살아 있는 존재라고 말한다. 그런데 인간 삶의 기본적 개념과 세포 안에 있는 생명의 개념은 완전히 다를 뿐 아니라, 이 두 개의 개념은 결합할 수 없다. 한 개념이 다른 개념을 배제하는 것이다. 나는 내 육체 전체가 남김없이 세포로 이루어져 있는 것을 발견한다. 사람들은 내게 이 세포들이 나처럼 생명의 속성을 지니고 있다고, 나와 마찬가지로 살아 있는 생명이라고 말한다. 그러나 나는 나를 구성하는 세포 전체의 모습, 즉 분리되지 않는 하나의 살아 있는 존재로 나를 의식할 때만 내가 살아 있음을 인정한다. 그런데 사람들은 나에게, 나의 전부가 남김없이 살아 있는 세포로 이루어져 있다고 말한다. 나는 생명의 속성을 무엇에 귀결시켜야 할까? 세포일까, 아니면 나 자신일까? 만약 세포들 안에 생명이 있다고 가정한다면, 나는 생명의 개념으로부터 내 생명의 중요한 특징인 '통합된 살아 있는 존재로 자신을 의식하는 것'을 떼어 내야 한다. 만약 개별적인 존재로서 나에게 생명이 있다고 가정한다면, 나의 전 육신을 구성하지만, 의식이 있는지 없는지 전혀 알 수 없는 세포들에 생명의 속성을 귀결시킬 수 없다는 건 명약관화하다.

나는 살아 있고 내 안에 세포로 불리는 무생물 입자들이 있는 것이든지, 아니면 살아 있는 세포 무리만 존재할 뿐 생명에 대한 내 의식은 실상 생명이 아니라 환상에 지나지 않는 것이든지, 둘 중 하나이다.

우리는 세포 안에 우리가 '약동'[5]이라고 부르는 뭔가가 있다고 하지 않고, '생명'이 있다고 말한다. 우리가 이렇게 '생명'이라

---

5 러시아어로 'брызнь(브리즌)'이다. 'брызнуть(튀기다, 솟구치다)'라는 단어로부터 나온 파생어로 톨스토이가 만든 신조어이다. 톨스토이는 이 단어를 뒤에 나오는 생명에 해당하는 러시아어 'жизнь(쥐즌)'에 압운을 맞춰 고안해 낸 것이다. 역자는 '생명'에 맞는 압운을 의식해 브리즌을 '약동'(끝자음을 'ㅇ'으로 압운에 맞게)으로 번역하였다.

고 말하는 이유는, 생명이라는 단어가 어떤 미지수 X를 지칭하는 것이 아니라, 우리 모두 한결같이 알고 있고 또 우리 자신으로부터만 알고 있는 일정한 정도 크기의 무언가를 지칭하기 때문이다. 우리는 자신을 자기 육체와 통합된 존재, 즉 자신과 분리되지 않은 존재로 의식한다. 그러므로 생명이란 관념은 육신을 구성하는 개별 세포와는 아무 관련이 없다.

어떤 연구와 관찰에 종사하든, 사람이 자신이 관찰한 것을 표현할 때 사용하는 각 단어는, 모든 사람이 한결같이 명확하게 이해하는 뜻으로 사용해야지, 그 사람에게는 필요할지라도 종국에는 모두가 잘 알고 있는 기본 개념에조차 전혀 부합하지 않는 개념으로 그 단어를 사용해서는 안 된다.

만약 '생명'이라는 단어를 무분별하게 사용해서, 세포와 세포로 구성된 동물을 설명할 때처럼 전체 대상의 특성도 의미하도록 한다면, 그리고 그 대상의 구성 요소를 모두 합쳤을 때의 전혀 다른 특성도 의미하도록 한다면, 다른 단어들도 마찬가지로 그런 식으로 사용될 여지를 주게 된다. 예를 들자면 모든 생각이 단어에서 나오고, 단어는 문자에서 나오고, 문자는 짧은 선으로 이루어져 있으므로 짧은 선을 그리는 것이 곧 생각의 진술과 같으니, 짧은 선들을 생각으로 부를 수 있다고 말할 수 있게 되는 식인 것이다.

또 다른 가장 흔한 예를 들자면, 과학계에서 '생명'의 기원이 물리적·기계적 힘의 작용이라는 말을 하고 듣고 읽는 일이다.

거의 대다수 과학자가 이 견해를 고수하고 있다. 이에 대해 어떻게 말해야 할지 참으로 난감하다. 의견이지만 의견이 아니고, 역설이지만 역설이 아닌 농담이나 수수께끼 같은 말들 아닌가. 생명은 물리적·기계적 힘의 작용으로부터 나온다고 주장한다. 그런데 우리는 생명의 개념과 정반대일 때만 기계적이고 물리적이라고 칭하지 않는가.

전혀 다른 개념에 잘못 적용된 '생명'이라는 단어는 자신의 기본 의미에서 점점 더 벗어나 그런 의미에서 가장 중심에서 완전히 멀어졌다. 그래서 우리의 개념에 따르자면 생명이 존재할 수 없는 곳에 생명이 있다고 가정하는 지경에 이르게 된 것이다. 이는 중심이 선의 바깥에 있는 원이나 구체가 존재한다고 주장하는 것이나 마찬가지이다.

내가 생명을 떠올릴 때 악에서 멀어져 선을 추구하는 것 이외에는 다른 것을 상상할 수 없는데, 나의 생명이 선도, 악도 볼 수 없는 영역에서 발생했다고 하는 것이다. 생명이라는 개념의 중심이 완전히 재구성된 게 분명하다. 그뿐 아니라 나는 생명이라고 불리는 연구를 다방면으로 조사하다가, 이러한 연구들이 내가 알고 있는 그 어떠한 개념도 다루지 않는다는 것을 알게 되었다. 나는 학문 용어에서는 일정한 의미를 지니고 있지만, 기존 개념과는 아무 공통점이 없는 일련의 새로운 개념과 단어들을 마주하게 된 것이다.

내가 아는 생명의 개념은 모든 사람이 이해하는 것처럼 이해되지 않고 따라서 거기서 파생된 개념 또한 일상적 개념과 일치하지 않는다. 결국 거기에 맞춰 고안된 명칭을 부여받은 새롭고 제한적인 개념이 나타나고 있다.

인간의 언어가 학문을 연구할 때 우선순위에서 점점 밀려나게 되며, 존재하는 대상과 개념을 표현하는 수단으로서의 말 대신 학문적인 인공언어[6]가 주도권을 잡게 되었다. 인간의 참된 언어가 현존하는 대상들과 개념들에 일반적인 단어들을 붙이는 데 반해, 학문적인 인공언어는 존재하지 않는 개념들에 존재하지 않는 단어들을 붙인다는 점에서 두 언어는 서로 확연히 구분된다.

지적인 의사소통의 유일한 수단은 단어이고, 의사소통이 가능하기 위해서는 사람이 단어를 쓸 때 매번 그 단어에 상응하는 정확한 개념이 모든 사람에게 확실하게 떠오르도록 단어를 사용해야만 한다. 만약 되는 대로 단어들을 사용한다면, 즉 단어들이 머릿속에 떠오르는 온갖 것을 의미할 수 있게 된다면, 차라리 말하지 않고 기호로 모든 걸 보여 주는 게 더 나을 것이다.

---

[6] 독일의 가톨릭 성직자 I. M. 슐레이에르(1831~1912)가 1880년경에 만들어 낸 인공적인 국제 언어를 일컫는 'волапюк(볼라퓨크)'라는 단어가 사용되고 있다. 독일어 단어와 프랑스어 단어를 섞고, 주요 유럽어들에서 가장 단순한 문법을 뽑아 고안한 인공언어이다.

실험과 관찰 없이 이성이 내린 결론들로만 세상의 법칙을 규정하는 것은 거짓되고 비과학적인 방법, 즉 진정한 지식을 줄 수 없는 방법이라는 의견에 나는 동의한다. 그러나 실험과 관찰로 세계의 현상을 연구할지라도, 이때 모든 이가 공유하는 기본적인 개념이 아니라 상대적인 개념을 따르고, 이 실험의 결과를 다양한 의미로 받아들일 수 있는 단어들로 설명한다면 그건 더 나쁜 게 아닐까? 만약 약사가 편리한 대로 약병의 상표를 내용물과 상관없이 마음대로 붙인다면, 가장 훌륭한 약국도 가장 큰 해악을 끼치게 되지 않겠는가.

그러나 사람들은 내게 이렇게 말할 것이다. 과학은 의지, 행복 추구, 정신적 평안을 포함한 삶 전체의 연구를 자신의 과제로 삼지 않는다고, 삶의 개념 중에서 경험적인 연구가 가능한 현상들만을 뽑아낸다고.

그렇다면 그건 아주 훌륭하고 합당한 일일 것이다. 그러나 우리는 우리 시대 과학자들의 개념이 전혀 그렇지 않다는 것을 알고 있다. 만약 무엇보다 먼저 생명이라는 개념을 설명할 때 모든 이가 이해하는 중심적 의미를 최우선으로 인정하고, 과학이 이 개념에서 모든 측면을 배제한 후 외적 관찰이 가능한 한 측면만 추출해서, 이 측면에서만 고유한 연구 방법으로 현상들을 연구하기로 확실히 정했다면, 아주 훌륭했을 것이고 문제도 전혀 달랐을 것이다. 그랬다면 과학이 차지하는 위치와 우리가 과학에 기반을 두고 도달한 결과들도 전혀 달라졌을 것이다. 그러나 우리는 실상을 말해야 하며, 모두가 알고 있는 작금의 상황을 숨기지 말아야 한다. 생명에 대한 경험적 학문적 연구자들 대부분이 자신들이 생명의 한 측면이 아니라 삶 전체를 연구한다고 확신하고 있다는 것을 과연 우리가 모르는 줄 아는가.

천문학, 역학, 물리학, 화학과 다른 모든 학문은 함께, 그리고 각각 따로 삶 전체에 대한 그 어떠한 결론에도 도달하지 못한 채 자신에게 해당하는 생명의 한 측면을 탐구하고 있다. 다만 야만의 시대, 즉 모든 게 불확실하고 불명료했던 시대에 이 중 몇 개의 학문은 생명의 모든 현상을 자신의 관점에서 포괄하려고 했고, 새로운 개념들과 단어들을 고안해 내며 여러 오류를 범한 적이 있다. 천문학이 점성술이었던 시기에 그러했고, 화학이 연금술이었던 시기에 그러했다.

지금도 생명의 한 측면 혹은 몇 가지 측면을 탐구하면서 삶 전체를 연구한다고 주장하는 실험적인 진화과학에서 똑같은 일이 벌어지고 있다. 자신의 과학에 대해 이런 거짓된 관점을 가진 사람들은 그들의 연구가 생명의 일부 측면에만 해당한다는 것을 절대로 인정하려 들지 않으며 삶의 모든 현상이 외적 실험의 방법으로 연구될 수 있으리라고 주장한다.

그들은 말한다. "만약 '정신 현상'(그들은 자신들의 인공언어인 이 불명확한 단어를 좋아한다)이 아직 우리에게 알려지지 않았다면, 앞으로 알려질 것이다. 생명 현상의 한 측면 혹은 몇 측면을 연구하다 보면 우리는 모든 측면을 알게 될 것이다. 즉 다른 말로 하자면, 만약 아주 오랫동안 한 측면에서만 대상을 열심히 바라보면 우리는 모든 측면에서, 심지어는 그 중심에서도 바라보게 될 것이다."

아무리 놀랍더라도 미신의 광신주의만으로 설명될 수 있는 이런 이상한 가르침은 존재하고, 야만적이고 광신적인 모든 가르침처럼 인간의 사고 활동을 거짓되고 헛된 길로 인도하며 파괴적인 영향력을 행사하고 있다. 그래서 양심적인 노력가들이 거의 불필요한 연구를 하는 데 자신의 삶을 희생하며 죽어 가고 있고, 불필요한 일에 사람들의 물질적인 역량이 소비되며 소멸하고 있으며, 키파 모케예비치의 가장 헛된 활동이 인류를 위한 최고 수준의 헌신이라고 치켜세워지면서 젊은 세대가 파멸하고 있다.

사람들은 보통 과학이 삶의 모든 측면을 연구한다고 말한다. 그건 맞는 말이다. 그러나 문제의 핵심은 대상의 모든 측면이 구의 반지름만큼이나 많으므로, 그러니까 그 수가 헤아릴 수 없이 많으므로 우리는 대상을 모든 측면에서 연구해서는 안 되고, 대상이 어떤 측면에서 더 중요하고 더 필요한지, 어떤 측면에서 덜 중요하고 덜 필요한지를 알아야만 한다는 것이다. 당장 모든 측면에서 대상에 접근할 수 없듯이 삶의 현상도 모든 측면에서 단번에 연구할 수는 없다. 좋든 싫든 순서가 정해져야만 한다. 바로 여기에 모든 문제가 있다. 이 순서는 삶을 이해해야만 비로소 정할 수 있다는 것이다.

삶을 올바르게 이해할 때 삶이 지닌 의미의 중요성에 따라 개별 과학을 분류할 수 있고, 과학 전반과 특히 개별 과학에 합당한 의미와 방향을 부여할 수 있다. 만약 삶에 대한 이해가 우리 모두 안에 있는 것과 같은 것이 아니라면 과학 자체는 거짓이 될 것이다.

우리가 과학이라고 부르는 것이 삶을 규정하는 것은 아니다. 오히려 삶을 바라보는 우리의 개념이 무엇을 과학이라고 인정할지 결정할 것이다. 그러므로 과학이 과학답기 위해서는 무엇보다 먼저 무엇이 과학이고 아닌지의 문제부터 결정해야 하고, 이를 위해서는 먼저 삶에 대한 개념이 밝혀져야만 한다.

여기서 내 생각을 모조리 솔직하게 털어놓겠다. 사실 우리는 모두 이 거짓된 실험과학 신앙의 기본 교리를 알고 있다.

물질과 에너지가 존재한다. 에너지는 움직이고 기계적인 운동은 분자운동으로 전환되고, 분자운동은 열, 전기, 신경과 뇌의 활동으로 드러난다. 생명의 모든 현상은 예외 없이 에너지의 관계들로 설명된다. 모든 게 매우 아름답고 단순하고 명료하고, 특히 편리하기 짝이 없다. 그렇기에 우리의 모든 삶을 단순화시키며 우리가 열망해 마지않는 단순명료한 이 전체가 전혀 없다면, 이런 것들을 어떻게든 고안해 내야만 할 지경이다.

여기서 더 대범한 생각을 말해 보자면, 실험과학의 활동 에너지, 즉 열정의 대부분은 그렇게 편리한 개념을 확립하는 데 필요한 전부를 고안해 내고자 하는 열망에서 나온 것이다.

과학의 이런 모든 활동에는 생명 현상을 연구하고자 하는 열망보다는 기본적 교리의 정당성을 증명하고자 하는 특유의 유일한 염려만이 보인다. 무기물에서 유기물의 기원을 설명하고, 유기체의 과정에서 정신적인 활동이 발생한다고 설명하고자 하는 이러한 시도에 얼마나 큰 노력이 소모되고 있는가. 유기물은 무기물로 전환되지 않는다. 그런데도 사람들은 바다의 바닥을 뒤져 그곳에서 핵, 즉 모네라[7]라고 불리는 것을 찾을 것이다.

거기에 그런 것이 없다고 해도 언젠가는 발견될 것이라고 믿을 것이다. 우리의 믿음에 따르자면 있어야만 하지만 현실에는 없다면 특별히 무한대의 시간이 우리에게 도움이 될 것이고, 그곳에 모든 걸 떠맡기기만 하면 되기 때문이다.

유기적인 활동에서 정신적인 활동으로의 전환도 마찬가지이다. 아직 그런 일이 일어나지 않았다고 한다면? 우리는 그런 일이 일어나리라고 믿으며 아주 작은 가능성이라도 증명하기 위해 모든 지성의 노력을 기울이는 것이다.

---

7   독일의 유명한 박물학자이자, 생물학자, 철학자인 에른스트 헤켈의 용어로 유기체의 역사적인 발전 과정에서 세포가 형성되는 원형질 덩어리를 일컫는다.

애니미즘이든, 생기설[8]이든, 아니면 어떤 특별한 힘의 개념이든 간에 생명이 어디에서 나오는지에 대한 논쟁, 즉 삶과는 관련 없는 논쟁은 이것 없이는 생명의 개념도 그 의미를 상실해 버리는 삶의 중요한 질문을 사람들에게서 숨겨 버린다. 그러므로 이런 논쟁들은, 다른 이들을 인도해야 하는 과학자들을 너무 서둘러 걷느라 어디로 가는지 잊은 사람의 처지로 차츰 만들어 간다.

어쩌면 현대적 경향의 과학이 거둔 거대한 성과들을 내가 고의로 외면하려고 하는 것은 아닐까. 그러나 과학이 거둔 그 어떠한 성과도 잘못된 방향을 수정할 수는 없다. 불가능한 일을 가정해 보자. 현재의 생명과학이 알고 싶어 하는 전부가 과학 자신도 믿지 않으면서 발견될 것이라고 하는 주장을 가정해 보자. 모든 게 밝혀졌고, 모든 것이 대낮처럼 분명하다고 쳐 보자. 유기물이 적응을 통해 어떻게 무기물로부터 발생하는지가 밝혀졌고, 물리적 에너지가 어떻게 감정, 의지, 생각으로 전환되는지도 밝혀져서, 이 모든 걸 중고등학생뿐 아니라 시골의 초등학생들도 알게 되었다고 치자.

내가 이러저러한 생각과 감정들은 이러저러한 운동에서 일어

---

8   '생기설(vitalism, 비탈리즘)'은 생명 현상을 지배하는 비물질적이고 초자연적인 힘
     이 살아 있는 유기체 안에 존재한다는 오래된 학설이다. 생기설 이론은 생물학적
     유기체 안의 과정들이 이 힘에 좌우되고 물리학과 화학의 법칙으로는 완전히 설
     명될 수 없다고 가정한다.

난다는 것을 알고 있다고 치자. 자, 그래서 어떻다는 말인가. 내 내면에 여러 생각을 불러일으키기 위해 나는 이런 운동을 주재할 수 있을까, 없을까? 자신과 다른 이들 안에 어떠한 생각과 감정을 불러일으켜야 할 필요가 있는지의 문제는 해결되지 않았을 뿐 아니라, 다루어지지도 않았다.

나는 과학자들이 이런 문제에 대답하기 곤란해하지 않는다는 것을 안다. 문제를 이해하지 못하는 사람에게는 어려운 문제를 해결하는 것이 언제나 단순해 보이듯이 이 문제를 해결하는 것도 그들에게는 아주 단순해 보인다. 생명이 우리 손에 달렸을 때 삶을 어떻게 꾸릴 것인가라는 문제의 해결은 과학자들이 보기에 아주 단순해 보인다. 그들은 다음과 같이 말한다. "사람들이 자신들의 욕구를 만족시킬 수 있도록 삶을 꾸려야 한다. 과학은 첫째, 욕구의 충족을 제대로 분배할 수단들을 고안해 내고, 둘째, 모든 욕구를 쉽게 만족시켜서 사람들이 행복해질 수 있도록 수단을 쉽고 풍부하게 만들면 된다."

만약 욕구가 무엇인지, 그 욕구의 한계가 어디인지를 묻는다면, 이 질문에도 역시 단순하게 대답할 것이다. 과학은 욕구를 육체적, 지적, 미학적, 심지어 도덕적인 욕구로 분류하고, 어떤 욕구가 어느 정도로 정당하고 어떤 욕구가 어느 정도로 정당하지 않은지를 명료하게 결정하기에 과학인 것이라고.

"세월이 흐르면 과학이 이를 결정할 것이다." 만약 욕구의 정당성과 정당하지 못함을 결정하는 지침이 무엇이냐고 묻는다면, 그 질문에 그들은 대담하게 이렇게 대답할 것이다. 욕구의 연구라고. 그러나 '욕구'라는 단어는 단 두 가지 의미만을 지닌다. 생존을 위한 조건이거나 살아 있는 존재가 행복을 바라는 요구이다. 그런데 각 대상의 생존을 위한 조건은 셀 수 없이 많으므로 모든 조건이 탐구될 수는 없다. 그리고 살아 있는 존재가 행복을 바라는 요구는 의식에 의해서만 인식되고 규정되기에 실험과학으로 탐구하기가 훨씬 더 어렵다.

"무오류의 과학이라고 불리는 사람들 혹은 지성들의 기관, 단체, 회합과 같은 조직들이 존재한다. 그리고 이들이 세월이 흐름에 따라 모든 걸 결정할 것이다."

그러나 이런 식의 문제 해결은 메시아의 왕국을 다른 말로 고쳐 쓴 것에 불과하다는 게 자명한 일 아닌가. 이때 그 안에서 메시아의 역할을 하는 것은 과학이다. 그런데 이런 과학적 설명이 뭐라도 설명하려면 유대인들이 메시아를 믿듯이 정통파 과학들이 만든 과학의 교리를 무조건 믿는 게 필요하다. 다만 이 둘 사이에는 차이가 있는데, 메시아를 신의 사자로 보는 정통파 유대인은, 메시아가 자신의 힘으로 모든 걸 뛰어나게 보살필 수 있다고 믿는 데 반해, 정통 과학은 욕구의 외적 탐구 수단을 가지고 삶의 유일하고 중요한 문제를 해결할 수 있다고 믿는다는 게 본질적으로 불가능하다는 것이다.

제1장

인간 생명의 근본적인 모순

모든 사람은 오직 잘 살기 위해, 그리고 행복하기 위해 산다. 행복을 바라는 염원을 느끼지 못하면 사람은 자신이 살아 있다고 느끼지 못한다. 사람은 행복을 염원하지 않는 삶을 상상할 수 없다. 각 사람에게 산다는 것은 행복을 염원하고 쟁취한다는 것이고, 행복을 염원하고 쟁취한다는 건 산다는 것과 같은 의미이다.

사람은 자기 안, 즉 자기 개체 안에서만 생명을 느끼기 때문에 처음에 자기가 원하는 행복이 자기 개체만의 행복이라고 상상한다. 그러므로 먼저 그는 살고 있는 것, 참으로 살고 있는 것은 자기 한 사람뿐이라고 느낀다. 다른 존재의 삶은 자기 삶과는 전혀 다르게 생각되므로, 마치 삶의 모조품인 것처럼 생각된다. 다른 인간 존재의 삶은 관찰만 할 수 있기에 사람은 그 관찰을 통해서만 다른 사람들이 살고 있다는 것을 깨닫는다. 다른 사람의 삶에 대해서는 그가 그들을 생각하고 싶을 때만 알게 되지만, 자기 자신에 대해서는 그냥 저절로 알게 된다. 그리고 사람은 자신이 살아 있다는 생각을 단 한순간도 멈출 수 없다. 그러므로 각 사람에게는 자기 생명만이 진짜 생명이라는 생각이 든다. 그를 둘러싸고 있는 다른 존재의 생명은 그에게 생존하기 위한 조건 중 하나로만 여겨진다. 만약 그가 다른 사람이 잘못되지 않기를 바란다면, 그건 단지 다른 이의 고통을 보는 것이 그의 행복을 해하기 때문이다. 만약 그가 다른 사람이 잘되기를 바란다면, 그것도 자신에게 바라는 것과는 차원이 전혀 다르다. 그가 그러는 이유는 그가 잘되기를 바라는 사람이 잘 살았으면 좋겠다는 마음에서라기보다는, 다른 사람의 행복이 그의 행복을 배가시켰으면 좋겠다는 바람 때문이다. 사람에게 중요하고 필요한 것은 자기 것이라고 느끼는 생명 속의 행복, 즉 오직 자신만의 행복이다.

그런데 이처럼 행복을 얻으려고 노력할 때 그 사람의 행복은 다른 존재에 의해 좌우된다는 것을 깨닫는다. 그렇기에 다른 존재들을 관찰하고 탐구하다 보면, 사람들은 그들 모두가, 즉 사람도, 심지어는 동물도 그와 마찬가지로 생명에 대한 개념을 가지고 있다는 것을 알게 된다. 이 존재들 각자는 그와 마찬가지로 자기 생명과 자기 행복만을 느끼고, 자기 생명만을 중요하고 진짜인 것으로 생각하고, 다른 모든 존재의 생명은 자기 행복을 위한 수단일 뿐이라고 생각한다. 사람은 살아 있는 모든 존재가 자신과 마찬가지로 자신의 작은 행복을 위해서는 다른 모든 존재의 더 큰 행복과 생명도 빼앗을 태세가 되어 있음을 아는데, 그 안에는 그렇게 판단하는 사람도 포함된다. 이것을 이해한 사람, 그리고 그게 의심할 여지 없이 그렇다는 것을 아는 사람은 어쩔 수 없이. 만약 그렇다면 하나도 아니고 수십 명의 존재도 아닌 세상의 헤아릴 수 없이 많은 존재가 자신의 목적을 달성하기 위해 매 순간 그를 없앨 준비가 되어 있다고 상상하지 않을 수 없다. 그런데 생명이란 그 한 사람만을 위해 존재하는 것이 아닌가. 이 사실을 이해하면 개인적 행복 하나로만 삶을 이해하는 그로서는 그의 개인적 행복이 쉽게 획득될 수 없을 뿐 아니라, 어쩌면 쉽게 빼앗길 수 있다는 것을 깨닫지 않을 수 없다.

오래 살면 살수록 사람은 경험으로 이러한 판단을 더 확인하게 되고, 그가 참여하는 세상의 삶, 즉 서로 연결되어 있지만 서로 죽이고 잡아먹고 싶어 하는 개인들로 구성된 삶이 그에게 행복이 될 수 없을 뿐 아니라, 어쩌면 더 거대한 해악이 될 수 있다는 것을 깨닫게 된다.

그뿐만이 아니다. 설령 두려워할 필요 없이 다른 개인들과 싸워서 이길 수 있는 유리한 조건을 차지하고 있다고 할지라도 사람은 이성과 경험을 통해 삶에서 얻어 낸 쾌락 형태의 행복 유사품이 결코 행복이 아니라 행복의 모형에 지나지 않음을 깨닫게 된다. 그 모형은 쾌락에 늘 동반되는 고통을 더 느끼게 해 주려는 목적을 위해서만 그에게 주어진 것에 불과하다. 오래 살면 살수록 쾌락은 점점 더 작아지고, 싫증, 권태, 수고, 고통은 점점 더 커지는 것을 그는 더욱 명확하게 보게 된다. 그러나 그게 다가 아니다. 체력이 약해져서 병에 걸리기 시작하고 다른 이들의 질병과 노화, 죽음을 볼 때 사람은 자기 안에 진실하고 충만한 생명을 느끼던 자신의 존재도 매시간 움직일 때마다 쇠약해지고 늙어 가며, 죽음에 다가가고 있음을 깨닫게 된다. 그리고 그의 삶은 그와 투쟁하는 다른 존재들로 인해 수천 번 죽을 고비를 넘기면서 점점 더 큰 고통을 당할 뿐 아니라, 본질상 죽음을 향해 끊임없이 다가가고 있는 것에 불과하다는 것을 알게 된다. 그 죽음이란 개인의 생명과 함께 그것이 어떠한 행복이든 행복의 모든 가능성이 파괴되는 상태다. 그, 즉 자기 안에서만 유일하게 생명을 느끼는 그의 자아가 하는 일이라고는 싸울 수 없는 대상, 즉 전 세계와 싸우는 것이고, 행복의 유사품만 주고 언제나 고통으로 끝나고야 마는 쾌락을 추구하고, 붙잡을 수 없는 생명을 붙잡고 싶어 한다는 것이다. 그는 그 자신, 즉 그의 개체만을 위해 행복과 생명을 바라는데, 자신이 행복도 생명도 가질 수 없음을 알게 된다. 그가 원하는 건 행복과 생명인데, 이것들을 가진 자는 그가 느끼지도 못하고 느낄 수도 없으며 또 그들의 존재에 대해 알 수도 없고, 또 알고 싶지도 않은, 그에게 낯선 존재들뿐이다.

그 무엇보다도 그에게 중요하고, 그에게 유일하게 필요한 그의 자아, 즉 홀로 진정으로 살아 있는 것처럼 느껴지는 그의 자아는 죽거나 뼈와 구더기가 될 것이므로 그가 아니다. 그런데 그에게 필요하거나 중요하지 않고, 그가 살아 있다고 느끼지 않는, 투쟁하고 교체되는 존재들로 이루어진 전 세계는 남아서 영원히 살아갈 것이다. 그러므로 인간에게 유일하게 느껴지고 그의 전 활동이 지향하는 생명은 뭔가 기만적이고 가당치 않은 것이 되고, 그의 밖에 있는 그가 좋아하지 않고 느끼지 못하고 그가 모르겠는 생명은 유일하게 진정한 생명이 되고야 마는 것이다.

그가 혼자서 갖고 싶어 했을 만한 속성들을 유일하게 가진 자가 정작 그가 느낄 수 없는 존재라니. 이건 음울하고 불쾌할 때 사람의 마음에 떠오르는, 갖고 있지 않아도 되는 그런 생각도 관념도 아니다. 오히려 분명하고 의심할 여지 없는 진실이며, 이런 생각 자체가 한 번이라도 머리에 떠오르거나, 혹은 다른 이들이 그에게 이런 얘기를 한 번이라도 한다면, 그는 절대로 그 생각에서 벗어날 수도, 그 생각을 의식에서 뽑아낼 수도 없다.

제2장

인류는 고대로부터 인생의 모순을
의식했다. 인류의 계몽가들은 인생을
규명해 이 내적 모순을 해결하였지만,
율법주의자들[9]과 현학자들[10]은
이를 사람들에게 감추었다

---

[9] 러시아 원문에는 '바리새인(фарисей)'으로 나온다. 바리새주의와 바리새인은 기원전 6세기 전~기원후 1세기경 유대교에서 율법의 준수를 중시하는 경건주의의 분파이다. 톨스토이는 '바리새인'을 의미도 모르면서 전승되는 믿음과 전통 의식들의 준수를 중시하는 율법주의자들을 지칭하기 위한 용어로 사용한다. 율법주의자로 번역하였다.

[10] 러시아 원문에는 '서기관(книжник)'으로 나온다. 서기관들은 기원전 6세기 전~기원후 1세기경 모세의 율법을 연구한 학자, 해석자 그룹을 일컫는다. 신학과 종교 서적을 많이 읽었지만, 피상적 지식을 갖고 그 지식을 무비판적·기계적으로 소유한 그룹이다. 톨스토이는 과학적 발견이 삶의 의미를 발견해 주리라고 믿는 현대 과학자, 학자를 일컫기 위해 이 용어를 사용한다. 현학자로 번역하였다.

처음 유일하게 사람에게 떠오르는 인생의 목적은 개인의 행복이지만, 개인의 행복은 불가능하다. 설령 인생에 행복과 유사한 무언가가 있다고 할지라도, 그 행복은 유일하게 인생에서만 가능한데, 그 인생, 즉 개인의 삶은 한 걸음 발을 뗄 때마다 한 번 숨을 쉴 때마다 고통, 악, 죽음, 파괴를 향해 걷잡을 수 없이 끌려간다.

이것은 젊은이든, 늙은이든, 교육을 받은 사람이든, 교육받지 못한 사람이든 생각이 있는 사람이라면 누구나 알 정도로 너무나 분명하고 명백한 사실이다. 이런 생각은 매우 단순하고 자연스러운 것이라서 모든 사람이 보기에 합리적인 것으로 인류가 고대부터 잘 알고 있는 사실이다.

"서로를 파괴하고 스스로 파괴하는 무한한 개체들 사이에서 개체로서 자기 행복만을 추구하는 인간의 삶은 악이고 무의미하다. 참된 삶은 이런 것일 수 없다." 사람은 고대 시대부터 이렇게 자신에게 말해 왔고, 인간 삶의 이러한 내적인 모순은 인도, 중국, 이집트, 그리스, 유대의 현자들에 의해 명료하게 특별한 힘을 갖고 표현되었다. 그리고 인간의 이성은 고대로부터 존재들의 생존 투쟁과 고통과 죽음으로 파괴될 수 없는 인간의 행복을 인식하는 방향으로 나아갔다. 인류는 인류의 삶을 인식하게 된 이래 투쟁, 고통, 죽음으로 사라지지 않을 의심할 여지 없는 인간의 행복을 더 밝힘으로써 앞으로 한 걸음 더 전진할 수 있었다.

다양한 민족들이 태고부터 배출한 인류의 위대한 스승들은 사람들에게 삶을 더 분명하게 규명해 줌으로써 인생의 내적 모순을 해결해 왔고, 참된 행복과 참된 삶이 무엇인지를 알려 주었다. 세상에 사는 모든 사람의 상황이 비슷하고, 그러므로 개인적 행복을 추구하면서도 그 행복이 불가능하다는 것을 의식하는 모순도 모든 인간에게 비슷하다. 그렇기에 인류의 가장 위대한 지성들이 사람들에게 밝혀 준 참된 행복과 그에 뒤따르는 참된 삶에 대한 모든 정의 또한 본질적으로 비슷하다.

"인생이란 사람의 행복을 위해 하늘에서 그들에게 내려온 빛의 확산이다"라고 기원전 600년 전에 공자가 말했다.

"인생이란 점점 더 큰 행복을 쟁취하는 영혼들의 순례이자 완성이다"라고 같은 시대의 브라만들[11]이 말했다. "인생이란 지복至福의 열반을 성취하기 위해 이루는 자기 포기이다"라고 공자와

---

[11] 인도의 카스트에서 최상위 계층. 성직자, 학자의 역할을 하며 사회의 교육과 성직의 영역을 담당한다.

동시대인인 부처가 말했다. "인생이란 행복을 성취하기 위한 온유와 겸손의 길이다"라고 공자와 동시대인인 노자가 말했다. "인생이란 사람이 하나님의 계율을 수행하며 복을 누리도록 하나님이 사람의 코에 불어 넣은 생기이다"라고 유대의 지혜는 말한다. "인생이란 인간에게 행복을 가져다주는 이성에 복종하는 것이다"라고 스토아학파는 말했다. "인생이란 인간에게 행복을 주는 것으로 하나님과 이웃을 향한 사랑이다"라고 예수 그리스도는 앞서 나온 모든 정의를 포괄하여 말했다.

오늘날에 이르기까지 수천 년 동안 인생에 대한 이러한 정의들은 거짓되고 불가능한 개인의 행복 대신에 파괴될 수 없는 참된 행복을 사람들에게 가르치면서 인생의 모순을 해결해 왔고, 이를 통해 인생에 합리적인 의미를 부여해 왔다. 인생에 대한 이런 정의들에 동의하지 않을 수도 있고, 이런 정의들이 더 정확하고 명료하게 표현되었으면 좋았을 것이라고 가정할 수도 있다. 하지만 이런 정의를 인정하는 행위가 인생의 모순을 없애고 도달할 수 없는 행복을 향한 개인의 열망을 다른 열망, 즉 고난과 죽음으로도 없앨 수 없는 행복을 향한 열망으로 바꾸었으며, 인생에 합리적인 의미를 부여했다는 사실 역시 외면해서는 안 될 것이다. 이론적으로도 신뢰할 만한 이 정의들이 인생의 경험을 통해서도 확증되었다는 것을 모른 척해서는 안 될 것이다. 그리고 인생에 대한 이러한 정의들을 인정했고, 또 인정하고 있는 수많은 사람들이 행복을 바라는 개인의 열망을 고난과 죽음으로도 무너지지 않는 다른 행복을 향한 열망으로 바꿀 수 있다는 것을 몸소 보여 주었고, 또 보여 주고 있다는 것도 모른 척해서는 안 될 것이다.

사람들 가운데는 인류의 위대한 선각자들이 사람들에게 밝혀 준 인생에 대한 정의를 이해했고, 또 이해하여 그것으로 살아가고 있는 이들도 있을 것이다. 그러나 사실 그런 사람들 외에도 인간 생명의 모순을 해결하는 데 공헌한 이런 정의들을 이해하지 못한 채, 심지어는 그들이 해결한 모순이 무엇인지조차 알지 못한 채, 늘 생애의 일정 기간, 때로는 전 생애에 걸쳐 오직 동물적 삶만을 살아온 사람들이 대다수였고, 또 그렇게 살고 있는 사람들이 지금도 대다수이다. 이러한 사람들 가운데는 인생의 의미를 이해하지 못했음에도 불구하고 외적으로 예외적 위치에서 자신을 인류의 지도자로 부름을 받은 사람이라고 생각하고 다른 사람들에게 자기도 이해하지 못하는 인생에 대해 가르치는 사람들이 늘 존재해 왔고, 또 그렇게 가르치고 있는 사람들이 여전히 존재한다. 이런 사람들에게 인간의 삶이란 개인으로서의 생존에 지나지 않는다.

이러한 거짓된 교사들은 늘 존재해 왔고 지금 우리 시대에도 존재한다. 어떤 이들은 자신들을 양육한 전승 안에 담긴 합리적인 의미는 이해하지 못한 채 인류의 선각자들의 가르침을 말로만 따르며 그 가르침을 사람들의 과거와 내세의 삶에 대한 초자연적인 계시로 만들어 버리고는 사람들에게 예식의 수행만을 요구한다. 이는 가장 넓은 의미에서 율법주의자들의 가르침인데, 이들은 그 자체로 불합리한 삶이 다른 삶에 의해, 즉 믿음에 따른 외적 예식 수행으로 얻어지는 삶에 의해 고쳐질 수 있다고 가르친다.

눈에 보이는 삶 외에 다른 삶의 가능성은 조금도 인정하지 못하는 다른 이들은 모든 종류의 기적과 초자연적인 현상을 부정하고 인간의 삶은 태어나서 죽을 때까지 동물적 생존에 지나지 않는다고 과감하게 주장한다. 이는 현학자들의 가르침인데, 이들은 동물의 삶과 마찬가지로 인간의 삶 안에는 불합리한 것이라고는 전혀 없다고 가르친다.

이 두 부류의 거짓 교사는 둘 다 그 가르침이 인생의 기본적인 모순을 이해하지 못하는 것에 뿌리를 두고 있음에도 불구하고 서로를 늘 적대해 왔고, 지금도 적대하고 있다. 이들 두 가르침이 현재 우리 세상을 지배하고 있다. 이들은 서로를 적대시하면서 세상을 자신들의 논쟁으로 채우며 바로 그 논쟁으로 이미 수천 년 전부터 인류에게 주어진, 참된 행복의 길을 계시하는 삶의 정의를 사람들에게 숨기고 있다.

율법주의자들은 자신이 사사받은 전승의 스승들이 삶의 정의를 가르쳐 주었는데도 불구하고 이를 이해하지 못하고, 그 가르침을 내세의 삶에 대한 자신들의 거짓된 가르침으로 바꾼다. 그리고 그와 동시에 그 가르침들을 가장 조악하고 잔인하게 왜

곡시킨 형태로 제자들 앞에 보여 준다. 그럼으로써 그들은 자기가 해석한 가르침의 독점적인 권위를 유지할 수 있으리라고 가정하며 인류의 다른 선각자들의 가르침을 사람들에게 숨기려고 애쓴다.[12]

현학자들은 율법주의자들의 가르침 안에 있는 합리적인 근거를 추측해 볼 생각은 하지도 않고 내세에 대한 모든 가르침을 정면으로 부인한다. 그리고 이 모든 가르침에는 아무 근거가 없고 이런 가르침은 본질상 무지의 조악한 잔재에 불과하다고 주장한다. 그리고 인간의 동물적 생존의 경계를 뛰어넘는 삶의 문제를 제기하지 않을 때 인류는 진일보할 수 있다고 주장한다.

---

[12] 인류의 다른 선각자들이 제시하는 인생에 대한 정의의 합리적 의미의 통일성은 그들에게 이들 가르침의 진실성을 보장하는 가장 훌륭한 증거로 생각되지 않는다. 왜냐하면 그 통일성이 이들이 가르침의 본질을 바꿔치기한 비합리적인 거짓 가르침에 대한 신뢰를 무너뜨리기 때문이다. - 톨스토이 주

제3장

현학자들의 잘못된 판단

정말 놀라운 일이 아닌가!

위대한 인류의 지성들이 설파한 모든 가르침은 너무나 위대해서 사람들에게 감동을 주고, 난폭한 사람들조차 그 가르침 대부분에 초자연적인 성격을 부여하고 창시자들을 반쯤은 신으로 추앙한다.

그렇지만 이 가르침들의 주요 특징이라고 할 수 있는 이런 특성과 상황들이 오히려 현학자들에게는 가르침 자체가 부당하고 낙후된 것이라는 점을 드러내는 가장 훌륭한 증거인 것처럼 보인다.

대단치 않은 아리스토텔레스, 베이컨, 콩트 등의 가르침은 항상 소수 독자와 숭배자들에게 자산으로 남았고 또 남아 있다. 그리고 그런 허위성 때문에 이들의 가르침은 대중에게는 영향을 조금도 미치지 않았고, 그랬기에 미신적 왜곡과 덧붙임의 대상이 되지 않았다.

그런데 이 가르침이 대단치 않다는 것을 보여 주는 이들의 이러한 특징은 오히려 진실함의 증거로 인정을 받는다.

반면, 브라만, 부처, 조로아스터, 노자, 이사야,[13] 그리스도의 가르침은 수백만의 삶을 변화시켰다는 이유로 미신과 망상으로 간주되고 있다.

왜곡된 형태로라도 이 가르침들이 인생의 진정한 행복에 관한 질문에 답을 제공해 주었기 때문에 수십억의 사람들이 이러한 미신으로 지금까지 살아왔고 또 살고 있다. 이 가르침들이 사람들에게 공유될 뿐 아니라, 모든 연령대의 가장 훌륭한 사람들의 생각에 기초를 제공해 주고 있다는 사실은 현학자들을 조금도 당혹스럽게 만들지 않는다. 그리고 이와는 반대로 현학자들이 인정하는 이론들은 그들 자신만 나누어 갖고 언제나 논박의 대상이 되며, 가끔은 채 십 년도 살아남지 못해 등장할 때처럼 그렇게 곧바로 잊힌다는 사실도 이들을 조금도 당혹스럽게 만들지 않는다.

인류가 이제까지 따르며 살아왔고, 교육받았고, 또 계속 교육받고 있는 삶의 위대한 스승들의 가르침이 이 사회에서 차지하는 위치만큼 현대 사회가 따르는 지식의 거짓된 경향을 선명하게 드러내 주는 것은 없다. 통계연감에 따르면, 현재 전 세계 주민이 고백하는 신앙은 대략 천 개라고 한다. 그 신앙에는 불교, 바라문

---

[13]   이사야 : 기원전 8세기 말 구약의 대선지자 중 한 사람이다. 예루살렘 중심의 남유다에서 활동했고, 유다가 바벨론에 의해 멸망한 것과 바벨론의 포로 기간, 그이후의 사건들에 대해 예언하였다.

교, 유교, 도교, 기독교가 포함된다. 천 개의 신앙이 있다는 것을 우리 시대의 사람들은 정말 진심으로 믿는다. 천 개의 신앙, 이들 모두가 헛소리라면 왜 그것들을 공부해야 할까. 우리 시대의 사람들은 스펜서,[14] 헬름홀츠[15] 등의 마지막 발언을 모르면 수치스럽게 생각하지만, 바라문교, 부처, 공자, 맹자, 노자, 에픽테토스,[16] 이사야에 대해서는 이름만 알거나, 때로는 그나마도 모른다. 그들의 머릿속에는 우리 시대에 사람들이 믿는 신앙이 천 개가 아니라, 크게 세 개, 즉 중국의 종교와 인도의 종교, 유대 기독교 신앙(이들의 곁가지인 이슬람교를 포함해서)에 불과하고, 이들 신앙 서적은 5루블이면 살 수 있으며 2주면 다 읽을 수 있다. 우리가 거의 알 수 없는 7%의 예외를 제외한 전 인류가 이 신앙들에 따라 살았고, 또 살고 있다는 생각이 전혀 들어오지 않는다. 그리고 이 책들 안에는 인류의 전 지혜, 인류를 지금의 모습으로 만들어 준 모든 게 들어 있다. 그러나 군중이 이들 가르침을 모르는 건 둘째 치고라도, 학자들마저 전문 분야가 아니면 이 가르침들을 모른다. 철학자들 또한 이 책들을 들여다보는 게 직업상 필요하다고

---

14 스펜서(1820~1903) : 영국의 철학자, 사회학자이다. 다윈의 진화론에 입각해서 사회진화론을 창시하고, '적자생존'이라는 용어를 만들었다.

15 폰 헬름홀츠(1821~1894) : 독일의 생리학자이자, 철학자, 물리학자이다. 생리광학, 생리음향학, 물리학 중 열역학, 전기 역학, 열화학, 유체역학에 업적을 남겼다.

16 에픽테토스(55~135년경) : 고대 그리스 스토아학파의 대표적인 철학자, 소아시아의 노예 출신의 철학자로 고문에 의해 다리를 절게 되었다고 한다. 그는 의지의 문제와 윤리학에 집중하였다. "우리는 우리의 선택이다"라는 유명한 말을 남겼다.

보지 않는다. 그러니 현명한 사람들이 인식하는 삶의 모순을 해결하고 진정한 행복과 사람들의 삶을 정의하는 사람들을 연구할 필요가 어디 있겠는가. 현학자들은 현명한 삶의 기초를 구성하는 모순을 이해하지 못하고 보지 못하기 때문에 모순이 전혀 존재하지 않는다고, 인간의 삶은 다만 동물적 생존에 불과하다고 용감하게 주장한다.

눈이 보이는 사람은 눈앞에 보이는 것을 이해하고 규정하는데, 보지 못하는 사람은 지팡이로 앞을 두드리고 지팡이가 더듬어서 그에게 알려 주는 것 말고는 아무것도 없다고 주장한다.

제4장

현학자들의 가르침은
인간의 동물적 생존이라는
가시적 현상에 기반해
인간의 삶 전체의 관념을 구축한 후,
그것으로부터 인생의 목적에
대해서도 결론을 내린다

"삶이란 탄생의 시간부터 죽을 때까지 살아 있는 존재 안에서 일어나는 현상이다. 사람, 개, 말은 태어나고, 각자가 자신의 특별한 육체를 가지는데, 바로 그 특별한 육체가 살다가 나중에는 죽는다. 육체는 부패해서 다른 존재로 바뀌고 이전의 존재로 돌아오지 못한다. 생명이 있다가 끝나는 것이다. 심장이 뛰고 폐가 숨을 쉬고, 육체가 썩지 않으면 사람, 개, 말이 살아 있다는 뜻이다. 심장이 뛰기를 멈추고, 호흡이 멈추고 육체가 썩기 시작하면 죽었다는 뜻이고, 생명이 없다는 뜻이다. 동물과 마찬가지로 인간의 육체 안에서 탄생과 죽음 사이의 시간에 일어나는 현상이 바로 삶이다. 무엇이 이보다 더 명료할 수 있다는 말인가."

동물적 상태에서 간신히 빠져나온 가장 거칠고 무지한 사람들이 삶을 이렇게 보았고 또 언제나 그렇게 보고 있다. 그리고 우리 시대에 이르러서는, 과학이라고 일컫는 현학자들의 가르침이 삶에 대한 이러한 가장 거칠고 원시적인 개념이야말로 유일한 진실이라고 인정한다.

이 거짓된 가르침은 인류가 획득한 외적 지식의 모든 무기를 활용하여 수천 년에 걸쳐 온갖 노력과 수고 끝에 벗어난 바로 그 무지의 암흑 속으로 사람들을 체계적으로 후진시키려고 한다. 이 가르침은 우리가 생명을 자신의 의식 안에서 정의 내릴 수 없다고 말한다. 자기 안에 있는 생명을 바라볼 때 우리는 길을 잃는다는 것이다.

우리의 의식 안에서 우리의 삶을 구성하는 행복에 대한 개념과 갈망은 기만적인 망상에 불과하므로 생명을 그런 의식 안에서 이해해서는 안 된다. 생명을 이해하기 위해서는 오로지 물질의 움직임으로서 생명 현상만을 관찰할 필요가 있다고 한다. 이런 관찰과 관찰에서 도출되는 법칙들로부터만 생명 자신의 법칙과 인간 삶의 법칙을 발견할 수 있는 것이다.[17]

그런데 거짓된 가르침은 처음에는 인간의 의식에서 알고 있

---

17 자신의 위치를 알고 자신의 대상을 아는 진정한 과학은 겸손하므로 힘이 막강하지만, 그렇다고 말한 적이 전혀 없고, 또 그렇게 말하지도 않는다.
물리학은 힘이 무엇인지의 질문을 제기하지 않고 힘의 본질을 설명하려고 애쓰지 않으면서도 힘의 법칙과 관계에 대해 말한다. 화학은 물질이 무엇인지의 질문을 제기하지 않고 그 본질을 정의하고자 애쓰지 않으면서도 물질의 관계를 말한다. 생물학은 생명이 무엇인지의 질문을 제기하지 않고 그 본질을 정의하고자 애쓰지 않으면서 생명에 대해 말한다. 진정한 과학은 힘, 물질, 생명을 연구 대상이 아니라, 다른 지식의 영역에서 비롯된 공리로 받아들여진 발판으로 간주한다. 개별 과학의 건물이 그 발판 위에 세워지는 것이다. 진정한 과학은 대상을 그렇게 바라보고 이 과학은 군중을 무지몽매함으로 이끄는 해악을 끼치지 않는다. 그러나 거짓되게 지혜로운 척하는 과학은 자신의 대상을 그렇게 바라보지 않는다.
"물질도, 힘도, 생명도 우리는 연구한다. 만일 우리가 이들을 연구한다면, 우리는 이들을 인식할 수 있다"라고 그들은 말한다. 이들은 자신이 물질, 힘, 생명이 아니라 이들의 관계와 형식만을 연구한다는 것을 상상도 하지 못하는 것이다. - 톨스토이 주

는 전체적인 인간의 생명이라는 개념 속에서, 그중 눈에 보이는 생명의 일부분인 동물적 생존을 바탕으로 동물적 인간에게서 보이는 생명 현상을 연구하기 시작한다. 그러나 나중에는 동물 전체, 그 후에는 식물, 그다음에는 물질에서 그 현상을 연구한다. 그러면서 이들은 생명의 몇몇 현상이 아니라, 생명 자체를 연구하고 있는 것이라고 끊임없이 주장한다. 관찰들이 어찌나 복잡하고 다양하고 혼란스러운지, 그리고 어찌나 많은 시간과 노력이 허비되는지 사람들은 점차 대상의 일부를 전체 대상으로 착각하던 최초의 실수를 잊고는, 결국 물질, 식물, 동물의 가시적 특징들의 연구가 그의 의식 안에서만 인식되던 바로 그 생명의 연구라고 확신하게 된다.

뭐든 그림자를 보여 주며 그것을 본 사람들이 흔히 빠지는 망상이 유지되기를 바라는 사람들이 행할 것 같은 일들이 진행되는 것이다.

"그림자가 있는 곳 말고는 아무 데도 보지 마시오"라고 보여 주는 사람들은 말한다. "중요한 건 바로 그 대상을 보지 않는 것이오. 대상이란 건 없고, 존재하는 것이라곤 오직 그 그림자뿐이오."

저급한 군중들을 방임하는 우리 시대 현학자들의 거짓 과학이 바로 이러한 짓을 하고 있다. 이들은 삶을 바라볼 때 삶이 가진 중요한 정의, 즉 인간의 의식만이 감지하는 행복을 향한 열망을 고려하지 않는다.[18] 거짓 과학은 행복을 향한 열망과 관계없는 삶에 대한 정의를 출발점으로 삼아 생명체의 목적을 관찰하고는, 거기서 인간과는 무관한 목적을 찾아낸 뒤 그것을 인간에게 억지로 강요한다.

이런 외적 관찰에 따르면 생명체의 목적은 자기 개체의 보존, 자기 모습의 보존, 자신과 같은 개체의 재생산, 생존을 위한 투쟁이다. 그러므로 상상할 수 있는 이러한 생명의 목적이 인간에게 강요되는 것이다.

인간 삶의 중요 특징을 구성하는 모순을 보지 못하는 거짓 과학은 생명에 대한 낙후된 개념을 출발점으로 삼는다. 그리하여 이 유사 과학은 최종적 결론으로 저급한 인류의 대다수가 요구하는, 오직 개인적 삶의 행복 가능성, 즉 동물적 존재로서 인간의 행복만을 인정하기에 이른다.

거짓 과학은 인생에 설명을 찾는 저급한 군중의 요구보다 더 나아간다. 거짓 과학은 자신이 반짝이며 출연한 처음 순간부터 인간의 이성적 의식을 부정한다고 주장하기에 이른다.[19]

---

18   부록 1을 보시오. - 톨스토이 주
19   부록 2를 보시오. - 톨스토이 주

제5장

율법주의자들과 현학자들의
거짓 가르침은 참된 인생의 의미를
설명하지 않고 인생의 지침도
제공하지 않는다. 삶의 유일한 지침은
이성적으로 설명되지 않는
습성대로 살라는 것이다

"삶을 정의할 수 있는 것은 아무것도 없다. 모두가 삶을 알고 있으니, 그것으로 충분하다. 그냥 그렇게 살아가도록 하자."

거짓된 가르침에 뿌리를 둔 사람들이 오해에 빠져 이렇게 말한다. 아무 방향 없이 파도에 휩쓸려 가는 사람이 자기가 필요로 하고 원하는 곳으로 헤엄쳐 가고 있다고 느끼는 것처럼, 그들은 삶과 삶의 행복이 무엇인지 알지 못한 채 살고 있다고 느끼는 것 같다.

가난하게 혹은 부유하게 태어난 아이들은 율법주의 혹은 현학적인 양육을 받는다. 어린이와 청소년에게는 아직 삶의 모순과 삶에 대한 문제가 존재하지 않기 때문에 그들에게는 율법주의자들의 설명도, 현학자들의 설명도 필요하지 않다. 두 설명이 이들의 삶을 지도할 수도 없다. 젊은이는 그의 주변에 살고 있는 사람들을 본보기로 삼아 배우는데, 율법주의자든 현학자든 둘이 보여 주는 본보기는 동일하다. 둘 다 개인적 삶의 행복을 위해서만 살고, 또 그렇게 하라고 젊은이에게 가르친다.

만약 부모가 가난하다면 아이는 부모로부터 인생의 목적은 더 많은 빵과 돈을 얻는 것이라고 배운다. 그리고 동물적 개체가 가능한 한 더 잘 살기 위해서는 일을 되도록 적게 해야 한다는 것을 배운다. 만약 그가 부유하게 태어났다면 인생의 목적은 가능한 한 더 유쾌하고 더 명랑하게 시간을 보내기 위해 부와 명예를 얻는 데 있다는 것을 깨닫게 될 것이다. 더 살면 살수록 세상 사람들의 지배적 시각이 그들 안에 더 강하게 흡수된다. 그들은 결혼해서 가정을 일구게 되는데, 동물적 삶의 행복을 획득하려는 욕심은 가족에 의해 정당화되면서 더 강해진다. 다른 이들과의 투쟁은 더 격해지고 개인의 행복만을 위하는 삶의 습관(습성)이 더 확고하게 자리를 잡아가게 된다.

가난하든 부유하든 삶이 과연 합리적인지 의심이 든다고 해도, 그리고 내 아이들이 계속하게 될 무의미한 생존 투쟁이 왜 필요한지 혹은 나와 내 아이들에게 고통으로 끝나는 쾌락을 왜 위험하게 추종해야 하는지에 대한 질문이 떠오른다고 해도, 수천년 전에 같은 처지에 있었던 위대한 스승들이 아주 오래전에 인류에게 주었던 삶에 대한 정의를 그가 깨달을 가능성은 거의 없다. 율법주의자들과 현학자들의 가르침이 그들을 빈틈없이 가로막아 그것을 알 사람이 드물 것이기 때문이다. "왜 이렇게 비참한 삶을 살고 있는가?"라는 질문에 현학자들은 이렇게 대답한다. "삶은 언제나 비참했고, 비참해야만 한다. 인생의 행복은 현재가 아니라, 과거, 즉 태어나기 전에, 그리고 미래, 즉 죽은 후에 있는 것이다." 브라만교, 불교, 유교, 유대교, 기독교의 율법주의자들은 언제나 똑같은 말을 한다. 현재의 삶은 악이고, 과거의 악은 이 세상과 사람이 등장했기 때문이라고 설명한다. 존재하는 악은 미래에 죽은 뒤에 개선된다고 생각한다.

"인간이 현재의 삶이 아니라, 미래의 삶에 있는 행복을 얻기 위해 할 수 있는 유일한 일은 우리가 여러분에게 가르치는 가르침을 믿고, 우리가 지시하는 의식을 수행하는 것이다."

개인적 행복을 위해 사는 모든 사람의 삶과, 똑같은 것을 위해 사는 율법주의자들 자신의 삶을 보고 이 설명의 거짓됨을 간파하고 의심하는 사람은 이들이 한 대답의 의미를 숙고해 볼 것도 없이 이들의 말을 노골적으로 믿지 않고 현학자들에게 기대한다. 그러면 현학자들은 이렇게 말할 것이다.

"우리가 동물에게서 보는 삶과 다른 부류의 삶에 대한 모든 가르침은 무지의 소산이다. 네 삶의 합리성에 대한 네 모든 의심은 쓸데없는 몽상이다. 세계, 지구, 인간, 동물, 식물의 삶은 자신의 법칙을 갖고 있고, 우리는 이들을 연구한다. 우리는 세계와 인간, 동물과 식물, 모든 물질의 기원을 탐구한다. 우리는 천체들에 무슨 일이 일어날지, 태양이 어떻게 식을지, 인간과 모든 동식물에게 무슨 일이 있었고, 또 무슨 일이 일어날 예정인지 등을 탐구한다. 우리는 우리가 말하는 대로 모든 게 어떻게 존재했고 또 앞으로 어떻게 존재할지를 보여 줄 수 있고 증명할 수 있다. 그것 말고도 우리의 연구는 인간의 복지를 향상하는 데 이바지할 것이다. 행복하고 싶은 열망을 지닌 당신의 삶에 대해서는 당신이 알고 있는 것 말고는 해 줄 말이 하나도 없다. 살고 있는 그 모습 그대로 살되 조금만 더 잘 살도록 하라."

율법주의자들에게서도, 현학자들에게서도 질문에 대한 답변을 얻지 못해 여전히 의심하는 이들은 자아의 충동 말고는 삶에 대한 그 어떠한 지침도 없이 예전처럼 남게 된다.

의심하는 사람 중 어떤 이는 파스칼의 추론[20]에 따라, "율법주의자들이 그들의 지시를 실행하지 않으면 좋지 않으리라고 위협하는데 이 모든 게 사실이면 어떻게 하지"라고 말하고는, 시간이 날 때마다 율법주의자들이 지시하는 모든 일을 수행한다. 손해 볼 일은 없지만, 유익이 클 수도 있지 않을까 하는 것이다. 어떤 이들은 현학자들의 말에 동의하여 현세 이외의 다른 삶과 종교적인 의식들을 노골적으로 부정하면서 자신에게 말한다.

"나 혼자만 이러는 게 아니다. 모두 그렇게 살아왔고 또 지금도 그렇게 살아가고 있다. 일어날 일은 일어날 것이다."

이 차이는 이쪽저쪽 모두에게 아무런 장점이 되지 않는다. 양측은 여전히 실제 삶의 의미에 대해 아무 설명도 하지 못한 채

---

[20]   파스칼은 믿음에 대해 논증할 때 내세가 존재하는지, 하지 않는지 모르는 상황에서는 차라리 믿음을 가지는 것이 구원받는 데 유리하지 않겠느냐고 논증한다.

로 남게 된다.

하지만 아무리 그래도 살아가야만 한다.

인간의 삶은 일어나서 잠잘 때까지 발생하는 일련의 행동들이다. 사람은 매일 수백 가지의 가능한 행동 중에서 그가 할 행동을 끊임없이 선택해야만 한다. 천국의 삶에 대한 비밀을 설명해 주는 율법주의자들의 가르침도, 세계와 인간의 기원을 연구하며 이들의 미래 운명에 대해 결론을 내리는 현학자들의 가르침도 이 행동들에 그 어떠한 지침도 제공해 주지 않는다. 그런데 사람은 자기 행동을 선택하는 데 필요한 지침 없이는 살아갈 수 없다. 바로 그러한 이유로 인해 사람은 어쩔 수 없이 인간적 판단이 아니라, 모든 사람의 사회에 언제나 존재해 왔고 또 존재하는 삶의 외적 지침을 따르지 않을 수 없는 것이다.

이 지침은 합리적으로 설명될 수 없는 것들이다. 그러나 이 지침은 모든 사람의 행동 대부분을 좌우한다. 인간 사회의 생활 관습인 이 지침이 사람들을 강하게 지배하면 할수록 사람들은 삶의 의미를 훨씬 잘 이해하지 못하게 된다. 이 지침은 확실하게 정해진 것이 아니라, 시간과 공간에 따라 가장 다양한 사건과 행동들로 이루어져 있다.

중국인들은 부모님들의 위패 앞에 초를 밝히고, 이슬람교도들은 유명한 장소로 순례를 가며, 아메리카 인디언은 수도 없이 많은 기도문을 외운다. 군인은 자신의 군기에 충성을 맹세하고 제복의 명예를 지키며, 사교계의 인사는 결투를 벌이고, 산山 사람은 피의 복수를 한다.[21] 이 지침은 특정한 날에 특정한 음식을 먹는 것이고, 특정한 방식으로 아이를 양육하는 것이며, 친지 방문이자, 집안을 치우는 특정한 방식이고, 장례와 출산의 방식, 결혼의 축하 방식이다. 이것은 삶 전체를 채우는 셀 수 없이 많은 임무와 행동들로 이루어져 있다. 이것들은 예의범절, 풍습, 더 자주는 의무, 심지어는 신성한 의무라고 불린다.

사람들 대부분은 인생에 대한 율법주의자들과 현학자들의 설명과는 별개로 바로 이 지침에 따라 행동한다. 사람은 주변 사람들이 이런 일들을 완전한 확신과 외적으로 드러나는 엄숙함으로 수행하는 것을 어린 시절부터 보고는, 자기 인생에 대해 합리적인 설명을 전혀 하지 못하면서도 똑같은 일들을 하기 시작할 뿐만 아니라, 그 일들에 합리적 의미를 부여하려고 노력한다.

사람은, 이 일들을 행하는 사람들이 무엇을 위해 그러는지, 왜 그런 일을 하는지 설명할 수 있으리라고 믿고 싶어 한다. 그리고 그는 이 일들이 합리적인 의미를 지니고 있고, 자신은 그 의미를 충분히 설명할 수 없어도 다른 사람들은 알고 있으리라고 자

---

[21] 코카서스 산악 민족들의 풍습을 말한다. 이들은 가족, 씨족, 부족 중 한 사람이라도 다른 씨족, 부족에 의해 피해를 입으면, 반드시 피의 복수를 하는 게 풍습이다. 당한 대로 갚지 않으면 가족, 씨족, 부족의 명예를 지키지 못하는 것이고 타 부족들에게 자신들을 함부로 공격해도 된다고 승인해 주는 것이나 다름없다고 간주한다.

신을 설득하기 시작한다. 그러나 다른 사람들 대부분도 인생에 대해 합리적인 설명을 하지 못하므로 그와 똑같은 처지에 놓여 있다. 그들도 다른 이들이 이 일들을 해야 하는 이유를 알고 있어서 자기들에게 요구하는 것 같다는 이유 하나만으로 이 일들을 수행하는 것이다. 그리고 사람들은 자기도 모르는 사이에 서로를 속이며 점점 더 합리적으로 설명되지 않는 일들을 행하는 데 익숙해질 뿐만 아니라, 그들 자신에게는 이해되지 않는 일종의 신비한 의미를 그 일들에 부여하는 데 익숙해진다. 자신들이 수행하는 일들의 의미를 덜 이해하면 할수록, 그 일들이 그들 자신에게 더 의심스러워지면 질수록, 그들은 이들에게 더 큰 중요성을 부여하고 더 엄숙하게 이들을 수행한다. 부자도, 가난한 사람도 그들 주변의 다른 사람들이 하는 그 일을 수행하면서, 그것을 아주 신성한 자신의 의무라고 부른다. 사람들은 아주 많은 사람이 그 일들을 아주 오래전부터 수행하고 있고 또 높이 평가하고 있으니, 그 일이 필요한 일이 아닐 수 없다고 스스로 안위하는 것이다.

사람들은 아주 나이가 들 때까지, 즉 죽을 때까지 살면서, 그들 자신은 왜 사는지 몰라도 다른 사람들은 알 것이라고 자신을 설득한다. 그러나 바로 그 다른 사람들도 자신들에게 의존하는 사람들과 꼭 마찬가지로 그걸 잘 모른다.

새로운 사람들이 이 세상 안으로 들어와 태어나 자라난다.

그리고 백발의 존경받는 훌륭한 사람들이 참여하는 '삶'이라고 불리는 생존을 위해 살아가는 어수선함을 보게 된다. 그들은 이 미친 듯한 혼잡이 삶이라고, 다른 삶은 없다고 확신하고는 문 옆에서 잠시 서로를 밀치며 부대끼다가는 떠나간다. 이건 마치 모임을 한 번도 본 적이 없는 사람이 입구 옆에서 북적이며 소란스럽게 활기를 띠고 있는 군중을 보고는 그것이 모임이라고 결론을 짓고, 문 옆에서 한동안 밀치며 다니다가 자기가 모임에 있었다고 굳게 확신하고는 부딪쳐서 아픈 옆구리를 부여잡고 집으로 떠나는 것과 마찬가지이다.

우리는 산을 뚫고, 전 세계를 날아다닌다. 전기, 현미경, 전화, 전쟁, 의회, 박애주의, 당들의 투쟁, 대학, 학자들의 사회, 박물관…. 과연 이것을 인생이라고 할 수 있을까?

상업, 전쟁, 교통수단, 과학, 예술 등 사람들의 복잡하고 왕성한 모든 활동은 대부분 인생의 문 옆에서 분별을 잃은 군중의 북새통에 지나지 않는다.

제6장

우리 세계 사람들의
의식 분열

"정말 잘 들어 두어라. 내 말을 듣고 나를 보내신 분을 믿는 사람은 영원한 생명을 얻을 것이다."[22] 그리고 그 시간이 다가오고 있다. 삶은 죽은 후에야 행복하고 합리적일 수 있다고, 혹은 개인적 삶 하나만이 행복하고 합리적일 수 있다고 사람이 아무리 자신을 설득하고, 또 다른 이가 아무리 그를 설득하려고 해도 사람은 이를 믿을 수 없다. 사람은 영혼의 깊은 곳에 그의 삶이 행복이고 합리적인 의미가 있었으면 하는 지울 수 없는 욕구를 지니고 있다. 죽음 이후의 삶 혹은 불가능한 개인의 행복 이외에 다른 어떤 목적도 자기 앞에 두지 않는 삶은 악이고 무의미한 것이다.

내세의 삶을 위해 살아야 한다고? 사람은 자신에게 말한다. 만약 그런 인생, 즉 내가 알고 있는 인생의 유일한 모델인 내 현재의 삶이 확실하게 무의미하다면, 그것은 다른 합리적 삶의 가능성을 내게 확인시켜 주지 않을뿐더러, 오히려 그와는 반대로 인

---

22   요한복음 5:24

생은 본질적으로 무의미하다는 것과 무의미한 인생 외에 다른 어떤 것도 가능하지 않다는 것을 내게 확신시켜 주는 것이다.

자기 자신을 위해 살아야 한다고? 그러나 내 개인적 삶은 악이고 아무 의미가 없다. 자기 가족을 위해 살아야 한다고? 자신의 공동체를 위해 살아야 한다고? 조국, 심지어 인류를 위해 살아야 한다고? 그러나 만약 내 개인의 삶이 가련하고 의미가 없다면, 다른 모든 인간 개체의 삶도 마찬가지로 의미가 없다. 그러므로 함께 모인 무의미하고 불합리한 개체들의 무한한 수는 하나의 행복하고 합리적인 삶을 구성할 수 없다. 이유도 모른 채 다른 사람들이 하는 짓을 그대로 따라 하면서 그냥 되는 대로 살아가야 한다고? 그런데 나는 다른 이들도 나와 마찬가지로 자기들이 하는 일을 도대체 무엇을 위한 것인지 자기들도 모르고 있음을 알고 있다.

합리적인 의식이 거짓 가르침을 능가하여, 사람이 삶의 한가운데 멈춰 서서 설명을 요구하는 시대가 도래하고 있다.[23]

다른 형태의 삶을 사는 사람들과 접촉이 없는 희귀한 사람만이, 그리고 육체적 생존을 지탱하기 위해 끊임없이 자연과 긴박한 사투를 벌이는 사람만이 그가 자신의 의무라고 부르는 그 무의미한 일들을 수행하는 것이 자신의 타고난 의무일 수 있다고

---

[23]   부록 3을 보시오. - 톨스토이 주

믿을 수 있을 것이다.

말로만 내세를 준비하기 위해 이승을 부정하는 듯한 기만, 그리고 개인적·동물적 생존만을 삶으로 인정하고 소위 의무만을 인생의 일로 인정하는 시대가 도래하고 있고 또 이미 도래했다. 이 기만이 대다수 사람에게 분명해지는 그때가 도래하고 또 도래했을 때, 가난에 억눌리고 음탕한 삶에 마음이 둔해진 사람들만이 자기 존재의 무의미함과 가련함을 느끼지 못한 채로 살아갈 수 있을 것이다.

그러나 사람들은 더 자주 합리적 의식에 눈을 뜨고 무덤에서 일어나고 있다. 그리고 인간 삶의 기본적인 모순을 감추려는 사람들의 모든 노력에도 불구하고 그 모순들은 대부분의 사람 앞에 무서운 힘으로 선명하게 드러나고 있다.

"내 모든 인생은 자기 행복을 소원하는 것이다"라고 깨어난 사람은 말한다. "나의 이성은 나를 위한 이 행복이 불가능하고, 내가 무슨 짓을 하건, 어떤 것을 성취하건 모든 게 동일하게 하나로, 즉 고통과 죽음, 파멸로 끝나게 될 것이라고 말한다. 나는 행복을 원하고 생명을 원하고 합리적인 의미를 원하지만, 내 안과 나를 둘러싼 전체에 있는 것은 악이자, 죽음이고 허무이다. 어떻게 존재해야 하는가? 어떻게 살아야 하는가? 무엇을 해야 하는가?" 그러나 답은 없다.

사람은 주변을 돌아보며 자신의 질문에 답을 찾지만, 그 답을 얻지 못한다. 그는 주변에서 그가 제기하지 않는 질문에 대한 가르침을 찾을 수는 있겠지만, 자기가 제기한 질문에 대한 답변은 주변 세계에 존재하지 않는다. 오직 남들이 이유도 모르면서 하는 일을 자기도 이유 없이 행하는 사람들의 헛된 일만이 존재할 뿐이다.

모든 이가 마치 자기 상황의 가련함과 활동의 무의미함을 의식하지 못하는 척하면서 살아간다. 깨어난 사람은 자신에게 말한다. "그들이 미쳤거나, 내가 미친 것이다. 그러나 모든 이가 미쳤을 수는 없으니 그렇다면 내가 미친 것이다. 그러나 아니다. 나에게 이런 말을 하는 현명한 내가 미쳤을 수는 없다. 현명한 나 홀로 전 세계에 맞서게 된다고 할지라도, 나는 그런 나를 믿지 않을 수 없다."

그리고 사람은 그의 영혼을 찢어 놓은 그 무서운 질문들을 품은 자신을 외롭게 의식한다.

그러나 살아야 한다. 유일한 나, 개체로서의 그가 그에게 살라고 명한다.

그러나 다른 나, 그의 이성은 말한다. "그렇게 살아서는 안 된다."

사람은 스스로 분열되는 것을 느낀다. 이 분열이 그의 영혼을 고통스럽게 찢어 놓는다.

그리고 그에게는 이 분열과 고통의 원인이 이성인 것처럼 보인다.

　그의 생존을 위해 필수 불가결한 인간 최고의 능력인 이성, 인간을 파기하는 자연의 힘 가운데서 의지할 데 없이 벌거벗은 인간에게 생존의 수단이자, 쾌락의 수단을 제공하는 이 이성이라는 능력이 그의 인생에 해를 주는 것이다.

　주변의 모든 세계의 생명체들 사이에 생명체들에게 고유한 능력들은 그들에게 필요한 것이고 그들 모두에게 기본적인 것으로서 그들의 행복을 촉진한다. 식물, 곤충, 동물은 자신들의 법칙에 순응하며 행복하고 기쁘고 평화로운 삶을 살아간다. 그런데 사람 내면에 있는 그의 본성상 최상의 특질은 갑자기 그의 내면에서 고통스러운 상태를 만들어 낸다. 그 결과, 이성적 의식에 의해 초래되어 현재 최고조에 다다른 고통스러운 내적 모순의 긴장에서 벗어나고자 하는 일념으로, 삶의 엉킨 실타래를 끊어 내고자 자주, 최근에는 더 자주 사람들이 자살하는 일들이 일어나고 있다.

제7장

의식의 분열은
동물적 삶과 인간적 삶을
혼동하는 데서 일어난다

사람 안에서 깨어난 이성적 의식이 그의 삶을 찢어 놓고 멈추게 하는 것 같지만, 그건 그가 그의 인생이었을 수 없고 그의 인생일 수도 없고 또 앞으로도 그의 인생이 될 수 없는 것을 자기 인생으로 생각해 왔기 때문이다.

인생이란 태어나는 동시에 시작된 개인적 생존에 불과하다고 확신시키는 우리 시대의 거짓된 가르침을 받으며 자라난 사람은, 유아, 어린이일 때도 살았고, 나중에 청소년이 되고 다 큰 어른이 되어서도 멈추지 않고 살아가는 것처럼 생각한다. 그가 보기에 그는 아주 오래전부터 살았고, 내내 멈추지 않고 살아온 것 같은데 갑자기 예전에 살던 것처럼 사는 게 도저히 불가능하고 그의 인생이 멈춰서 중단되고 있다는 게 의심할 여지 없이 분명해지는 시간까지 도달하게 된 것이다.

거짓된 가르침은 그의 인생이 탄생에서 죽음까지의 시간이라고 확신시켜 왔다. 동물들의 가시적 삶을 바라보며 그는 가시적 삶에 대한 개념과 그의 의식을 혼동하고 그에게 이 가시적 인생이 그의 인생이라고 완전히 확신했다.

그의 내면에서 깨어난 이성적 의식은 동물적 인생으로는 충족되지 않는 욕구를 드러내며 인생에 대한 개념이 잘못되었다고 그에게 제시한다. 그러나 그의 내면에 완고하게 자리 잡은 거짓된 가르침은 그가 잘못을 인정하는 것을 방해한다. 그는 동물적 생존을 인생이라고 보는 개념을 거절할 수 없으므로 그의 인생이 이성적 의식의 각성으로 말미암아 멈춰 버린 것만 같다고 생각한다. 그러나 그가 자기 인생이라고 불렀던 것, 그러니까 그가 보기에 멈춘 것 같은 것은 실제로 존재한 적이 단 한 번도 없었던 것이다.

그가 자기 인생이라고 불렀던 것, 즉 출생한 이후 그의 생존은 결코 그의 삶이었던 적이 없는 것이다. 태어나서 지금 순간까지 계속해서 살아왔다는 그의 개념은 꿈을 꿀 때 겪는 의식의 기만과 유사한 의식의 기만이다. 깨기 전까지는 꿈을 보지 못하는데 깨는 순간에 꿈들이 떠오르는 것이다. 이성적 의식이 깨어나기 전까지는 인생이 존재하지 않는데, 이성적 의식이 깨어나자, 과거 인생에 대한 개념이 형성되는 것이다.

사람은 어린 시절에는 동물처럼 살며 인생에 대해 아무것도 모른다. 만약 사람이 십 개월만 산다면 어떠한 인생을 살든 자기 인생에 대해 아무것도 모를 것이다. 마치 어머니의 태내에서 죽은 것처럼 그렇게 인생에 대해 아는 게 아무것도 없을 것이다. 어린아이뿐 아니라 이성적이지 않은 성인도, 완전한 바보도 그들이 살고 있고 다른 존재들도 살고 있다는 것을 모를 수 있다. 그러므로 그들은 인간적 삶을 살고 있다고 할 수 없다.

인간의 삶은 이성적 의식이 발현될 때 비로소 시작된다. 이성적 의식은 인간에게 현재와 과거의, 그의 인생과 다른 개인들의 인생을 모두 열어 보인다. 그리고 이 개인들의 관계에서 필연적으로 흘러나오는 전부, 즉 고통과 죽음을 열어 보이는데, 이는 그의 내면에서 개인으로서 인생의 행복을 부정하게 만들고, 그의 인생을 멈추게 할 것 같은 모순을 불러일으킨다.

사람은 자기 눈에 보이는 자기 밖의 존재를 규정하듯 자신의 인생을 시간으로 규정하려고 한다. 그런데 문득 그의 육체적 탄생의 시간과 일치하지 않는 인생이 그의 내면에서 일깨워지면 그는 시간에 의해 규정되지 않는 것이 인생이 될 수 있다는 것을 믿고 싶어 하지 않는다.

그러나 시간 안에서 자신의 이성적 인생의 시작점이라고 간주할 수 있는 지점을 아무리 찾으려고 해도 그는 그것을 절대로 찾을 수 없을 것이다.[24]

사람은 기억 속에서 이성적 의식의 출발 지점을 결코 찾을 수 없을 것이다. 그에게 이성적 의식은 늘 그의 안에 있었던 것처럼 느껴진다. 만약 그가 이 의식의 출발과 유사한 무언가를 발견한다면, 그 의식을 자신의 육체적 탄생이 아니라, 그 육체적 탄생과 전혀 공통점이 없는 지점에서 발견하게 될 것이다. 그는 육체적 탄생이 그에게 보였던 방식과는 전혀 다르게 자신의 이성의 출처를 의식한다.

이성적 의식의 출처에 대해 자신에게 물을 때 사람은 이성적 존재로서 자신이 특정한 해에 태어난 부모의 아들이자, 조부모의 손자였다고는 단연코 생각하지 않는다. 그는 자신을 늘 누군가의 아들일 뿐 아니라, 때로는 수천 년 전에 세상의 다른 끝에 살았기에 시간과 장소상 그에게 낯선 이성적 존재들의 의식과 하나로 결합한 존재로 의식한다.

자신의 이성적 의식 속에서 사람은 자신의 그 어떠한 발생도 보지 못하고, 자신이 시간과 공간을 초월해 다른 이성적 의식들과 결합해 있다는 것만 의식한다. 그래서 그 다른 의식들이 그의 내면에 들어오고, 그가 그들 안에 있음을 의식한다. 사람 안에서 깨어난 바로 이 이성적 의식이, 혼란에 빠진 사람들이 인생으로

---

24   인간의 생명과 삶 자체의 시간적인 탄생과 성장에 대해 논의를 듣는 것보다 더 흔한 일은 없을 것이다. 그렇게 논의하는 사람들은 자신들이 가장 확고한 현실에 기반을 두고 있다고 여기는 것 같지만, 사실은 시간 안에서 생명의 성장을 논의하는 것만큼 환상적인 일은 없다. 이런 논의들은 직선을 측정하기 원하면서 그가 서 있는 일정한 한 지점에서 측정하려 하지 않고, 무한한 선에서 자신으로부터 일정하지 않은 여러 거리에서 상상의 여러 지점을 취한 후 거기부터 자기까지의 거리를 측정하려는 사람과 비슷하다. 인간 생명의 탄생과 성장에 대해 논의할 때 사람들은 똑같은 짓을 하는 게 아닐까. 과거로부터 발전으로 생각되는 무한대의 선에서 그 생명 성장의 환상적인 역사를 시작할 수 있을 자의적 지점을 어디서 취할 수 있겠는가. 아기의 탄생? 혹은 수태? 혹은 그 부모의 탄생과 수태? 혹은 더 나아가 태고의 원초적인 동물과 원형질? 혹은 태양에서 떨어져 나온 최초의 조각에서? 이 모든 논의는 가장 임의적인 환상, 즉 척도 없는 측량이다. ─ 톨스토이 주

간주한 삶의 유사품 같은 것을 정지시켜 버린다. 혼란에 빠진 사람들에게는 그들이 깨어난 바로 그 순간에 그들의 삶이 멈춰 버린 것만 같은 것이다.

제8장

분열과 모순은 존재하지 않는다. 그것은 거짓된 가르침에만 나타난다

인생을 태어나서 죽을 때까지의 동물적 생존으로만 이해하는 거짓된 가르침만이 이성적 의식이 내면에서 깨어났을 때 사람들이 느끼는 고통스러운 분열 상태를 초래한다. 그런데 사람들은 그 거짓된 가르침 안에서 성장하고 생의 기반을 마련한다.

이런 미혹에 빠진 사람은 삶이 자기 안에서 둘로 분열되는 것처럼 느낀다.

사람은 자기 삶이 하나라는 것을 알고 있지만 그것을 둘로 느낀다. 두 손가락을 묶어 그 사이로 둥근 공을 굴리면 공이 하나라는 것을 알지만, 그게 둘이라고 느끼게 마련인데, 인생에 대한 거짓된 개념을 습득한 사람에게 그와 비슷한 일이 일어나는 것이다.

사람의 이성은 그릇된 방향으로 향하고 있다. 사람은 인생이라고 할 수 없는 개체의 육체적 생존을 인생으로 인정하라는 교육을 받아 왔다.

사람은 상상 속의 인생에 대한 거짓된 개념을 가지고 인생을 바라보기에 인생이 두 개로, 즉 하나는 스스로 상상하는 인생이고, 다른 하나는 실제로 존재하는 인생으로 보인다.

그런 사람에게는 이성적 의식을 통해 개체적 생존의 행복을 부정하고 다른 행복을 요구하는 것이 어쩐지 병적이고 부자연스러운 것처럼 보인다.

그러나 이성적 존재로서의 사람이 개체로서의 행복과 삶의 가능성을 부정하는 것은 개인적 삶의 조건과 그와 결부된 이성적 의식의 특성상 피할 수 없는 귀결이다. 이성적 존재에게는 개체로서의 행복과 삶을 부정하는 것이 새들이 날개로 날지 다리로 걷지 않는 것과 마찬가지로 매우 자연스러운 특징이다. 깃털이 나지 않은 새끼 새가 다리로 달린다고 해서 나는 것이 그의 본성이 아니라는 것을 증명하는 건 아니다.

인생을 개인의 행복에서 찾는 아직 의식이 덜 깬 사람들을 우리가 자기 바깥에서 본다고 해서 이성적 삶을 사는 게 사람의 본성이 아니라는 것을 증명하지는 않는다. 우리 세계에서 사람이 인간 고유의 참된 인생을 향해 깨어나는 건 병적 긴장을 동반한다. 그 이유는 거짓된 세상의 가르침이 인생의 환영이 진짜 인생이고, 진정한 인생의 발현은 그것의 파괴라고 사람들을 확신시키기 때문이다.

여성의 특성이 아직 잠재되어 있는 아가씨에게 일어날 수 있는 일이 참된 인생에 진입하는 현대인에게 일어나는 것이다. 성적 성숙의 징후를 느낀 아가씨는 미래 가정의 삶으로 불러내는 어머니로서의 의무감과 기쁨의 상태를 절망으로 귀결될 병적이고 부자연스러운 상태로 받아들일 수 있다. 참된 인생을 향해 각성하는 첫 징후를 느낄 때 현대인은 유사한 절망감을 경험하는 것이다.

이성적 의식이 깨어났지만 동시에 자신의 삶을 개인적인 것으로서만 이해하는 사람은 동물이 처할 수 있는 고통스러운 상황에 놓이게 된다. 동물은 물질의 운동을 삶으로 인정하기에 개체의 자기 법칙을 인정하지 않고, 아무 노력 없이도 이루어지는 물질의 법칙에 자신을 복종시키는 것에서만 자기 삶을 볼 것이다. 그런 동물은 고통스러운 내적 모순과 분열을 겪는다고 느낄 것이다. 그러한 동물은 물질의 법칙 하나에만 자신을 복종시키며 삶은 눕고 숨 쉬는 것일 뿐이라고 볼 테지만, 동물의 자아는 다른 것, 즉 자신을 먹이고 종을 이어 가기를 요구할지 모른다. 이때 동물은 분열과 모순을 겪는다고 느낄 수 있다. 동물의 자아는 이렇게 생각할 수 있다. "삶은 중력의 법칙에 복종하는 것, 즉 움직이지 않고 누워서 몸에서 일어나는 화학적 과정에 복종하는 데 있고, 나는 그렇게 한다. 그러나 또 필요한 것은 움직여서 먹이를 먹고, 수컷이나 암컷을 찾는 것이다"라고.

동물은 이 상태에서 괴로워하며 모순과 분열을 볼 수 있다. 삶의 최하위 법칙인 동물적 개체성을 삶의 법칙으로 인정하라고 배운 사람에게도 똑같은 일이 일어난다. 인생의 최상위 법칙인 이성적 의식의 법칙은 그에게 다른 것을 요구한다. 그런데 주변의 모든 삶과 거짓된 가르침은 그를 기만적인 의식에 붙잡아 놓으므로 그로 인해 그는 모순과 분열을 느끼게 되는 것이다.

고통을 멈추기 위해 동물이 가장 낮은 물질의 법칙이 아니라, 자아의 법칙을 자신의 법칙으로 인정하고 그것을 수행하며 자아의 목적을 만족시키기 위해 물질의 법칙을 이용해야 하는 것처럼, 사람도 자기 인생이 자아의 가장 낮은 법칙이 아니라 그것을 포괄하는 최고의 법칙, 즉 그의 이성적 의식이 그에게 알려주는 최고의 법칙 안에 있다는 것을 인정할 필요가 있다. 그러면 모순이 사라지고, 개인은 자유롭게 이성적 의식에 복종하면서 그것에 이바지하게 될 것이다.

제9장

사람 안에 있는
참된 삶의 탄생

인간 존재 안에 있는 생명의 등장을 시간 안에서 관찰하다 보면, 참된 삶이 마치 씨앗 안에 보존되어 있듯 인간 안에 늘 보존되어 있고, 때가 되면 그 삶이 드러나게 되리라는 것을 알게 된다. 참된 삶은 동물적 자아가 행복을 찾도록 사람을 인도하고, 이성적 의식이 개인적 행복이 불가능하다는 것을 그에게 보여 주며 뭔가 다른 행복을 가리킬 때 모습을 드러낸다. 사람은 멀리서 그에게 보여 주는 이 다른 행복을 유심히 쳐다보지만, 그것을 볼 능력이 되지 않아서 처음에는 그 행복을 믿지 않고 개인적 행복 쪽으로 되돌아간다. 그러나 이성적 의식이 자기가 제공하는 행복을 그렇게 모호하게 보여 주다가, 개인적 행복이 가능하지 않다는 것을 아주 확실하게 보여 주면, 사람은 다시 개인적 행복을 거절하고 이성이 새롭게 그에게 지시하는 행복을 유심히 들여다보게 된다. 이성적 행복은 눈에 보이지 않는데, 개인적 행복이 확실하게 파괴되어 개인적 생존의 지속이 불가능해질 때 사람 안에 동물적 생존과 이성적 의식 간에 새로운 관계가 설정된다. 이때 사람은 참된 인간적 삶을 향해 태어나기 시작한다.

물질세계의 모든 탄생에 일어나는 일들과 비슷한 일들이 생긴다. 열매는 태어나고 싶어서, 태어나는 게 더 좋아서, 즉 태어나는 게 좋다는 것을 알아서 태어나는 게 아니라, 성숙해졌으므로 예전의 존재 방식을 더 지속할 수 없어서 태어나는 것이다. 열매는 새로운 삶이 그를 불러서가 아니라, 예전의 존재 방식의 가능성이 파괴되었으므로 새로운 삶에 몸을 맡기는 것이다.

이성적 의식은 인간의 자아 안에서 눈에 띄지 않게 크다가 개인 안에서의 삶이 불가능해질 정도까지 자라나게 된다.

모든 게 태어날 때 일어나는 일과 완전히 똑같은 일이 발생한다. 생명의 선행 형태인 씨앗이 소멸하면서 새로운 새싹이 성장한다. 분해되는 씨앗의 예전 형태가 외견상 사투를 벌일 때 새싹이 성장하는데, 그 분해되는 씨앗 덕분에 새싹이 영양을 공급받는 것이다. 우리가 보기에 이성적 의식의 탄생과 눈에 보이는 육체적 탄생 간의 차이점은, 육체적 탄생에서는 시간과 공간 안에서 무엇이 무엇에서 어떻게 언제 태어나는지를 처음부터 볼 수 있고, 씨앗이 곧 열매임을, 그러니까 일정한 조건이 되면 씨앗에서 식물이 나오고 거기서 꽃이 피고, 나중에는 씨앗과 똑같은 열매가 맺히리라는 것을 알지만 (우리 눈앞에서 생애의 전체 주기가 펼쳐지는 것이다) 이성적 의식의 성장은 시공간 안에서 볼 수 없고, 그 생애주기도 볼 수 없다는 데 있다. 우리는 스스로 성장하므로 이성적 의식의 성장과 생애주기를 볼 수 없다. 우리의 삶은 우리 안에서 태어난 보이지 않는 존재의 탄생 그 이상도 그 이하도 아니므로, 우리는 그것을 결코 볼 수 없는 것이다.

우리는 씨앗이 자기 줄기의 성장을 볼 수 없는 것과 마찬가지로 이 새로운 존재, 즉 동물적 존재와 이성적 의식 간의 새로운 관계의 탄생을 볼 수 없다. 이성적 의식이 자신의 숨겨진 상태에서 나와 우리 자신을 위해 모습을 드러낼 때 우리는 모순을 겪는 것처럼 느낀다. 그러나 자라나는 씨앗에 모순이 없듯이 여기에도 모순이라고는 전혀 존재하지 않는다. 자라나는 씨앗에서 우리가 보는 것은 예전에 씨앗의 껍질 안에 존재하던 생명이 지금은 이미 그 새싹 안에 있다는 것이다. 이와 마찬가지로 이성적 의식이 깨어난 사람에게는 모순이 존재하지 않으며 새로운 존재의 탄생, 이성적 의식과 동물적 의식 간의 새로운 관계의 탄생만이 존재한다.

만약 다른 개체들이 살고 있다는 것을 모르고, 쾌락이 그를 만족시키지 않는다는 것과 그가 죽는다는 것을 모르고, 심지어는 '자기'가 살고 있다는 것조차 모르는 사람이 존재한다면, 그 사람 안에 모순은 존재하지 않는다.

만약 사람이 다른 개인들도 그와 똑같다는 것, 고통이 그를 위협하고 있다는 것, 그의 생존이 점차적인 죽음이라는 것을 안다면, 그리고 만약 그의 이성적 의식이 그 개인의 존재 방식을 분해하기 시작했다면, 그는 분해되는 이 개인 안에 더는 자기 생명이 있다고 상정할 수 없고, 어쩔 수 없이 자기 앞에 열린 새로운 삶을 인정하지 않을 수 없게 된다. 이미 싹을 틔운 후 분해된 씨앗에게 모순이 없듯이 모순이 다시 없어지는 것이다.

제10장

이성은 인간에 의해
의식되는 법칙이고,
인생은 그 법칙에 따라
완성되어야 한다

인간의 참된 삶은 이성적 의식이 동물적 자아와 맺는 관계에서 드러나고, 동물적 자아의 행복을 부정할 때만 시작된다. 이성적 의식이 깨어날 때 동물적 자아가 누리는 행복은 부정당하기 시작한다.

그렇다면 이 이성적 의식이란 무엇인가? 요한복음은 "한 처음, 천지가 창조되기 전부터 말씀Logos이 계셨다"라는 말로 시작된다. '로고스'라는 단어는 이성, 지혜, 말을 뜻하는데, 그 안에 모든 게 있고, 그로부터 모든 게 나왔고, 그러므로 이성은 나머지 모든 걸 정의하되, 자신은 그 무엇으로도 정의될 수 없다.

이성은 정의될 수 없고, 우리는 그것을 정의할 이유도 없는데, 그 이유는 우리 모두 이성을 알 뿐 아니라, 우리가 알고 있는 게 이성 하나뿐이기 때문이다. 우리가 서로 소통할 때 다른 무엇보다도 더 많이 확신하는 것은, 공통적 이성이 이미 우리 모두에게 동등한 구속력을 지닌다는 것이다. 우리는 살아가는 우리 모두를 하나로 묶어 주는 유일한 근거가 이성임을 확신한다. 우리가 다른 무엇보다 더 확실하게 알고 있는 것이 이성인데, 우리가 세상에서 알고 있는 전부를 아는 이유는 우리가 인식하는 것이 우리가 잘 아는 이성의 법칙과 확실하게 맞아떨어지기 때문이다. 우리는 이성을 알기에 이성에 대해 무지할 수 없다. 이성은 이성적 존재인 인간이 피할 수 없이 따르며 살아야 하는 법칙이기에 우리가 모를 수가 없다.

인간에게 이성은 그의 삶이 성취되는 법칙이다. 그건 마치 짐승이 먹이를 먹고 번식할 때 따르는 법칙, 풀과 나무가 자라서 꽃을 피울 때 따르는 식물들의 법칙, 땅과 하늘이 움직일 때 따르는 천체의 법칙과 같은 그런 법칙이다. 우리가 우리 삶의 법칙으로서 우리 내면에서 알고 있는 법칙은 세상의 모든 외적 현상이 따르는 법칙인데, 차이점은 우리 내면에서 알고 있는 이 법칙이 우리 스스로 실현해야 하는 것인데 반해, 외적 현상 안에 있는 법칙은 우리의 참여 없이 그 법칙에 따라 성취된다는 점이다. 우리가 세상에 대해 아는 전부는 우리 눈에 보이고, 우리의 바깥인 천체, 동물, 식물, 전 세계에서 성취되는 이성에 대한 복종뿐이다. 외적 세계에서는 이성의 법칙에 복종하는 게 보이는데, 우리 안에서는 이 법칙이 우리 스스로 실현해야만 하는 법칙으로 보이는 것이다.

삶에 대한 일반적인 오해는 우리에 의해 실현되지 않지만, 단지 우리 눈에 보일 뿐인 우리의 동물적 육체의 자기 법칙에의 복종이 인간의 삶으로 받아들여진다는 데서 비롯된다. 이성적 의식과 연결되는 우리의 동물적 육체의 법칙이 마치 나무와 결정체들과 천체에서 성취되듯 우리의 동물적 육체 속에서 무의식적으로 실현되므로 우리가 그렇게 받아들이는 것이다. 그러나 우리의 동물적 육체가 이성에 복종하는 우리 삶의 법칙은 어디서도 보지 못하고 또 볼 수도 없는 법칙이다. 왜냐하면 그 법칙은 아직 성취되지 않았지만, 우리 삶에서 우리에 의해 성취되고 있는 것이기 때문이다.

행복을 얻기 위해 이 법칙을 실행하는 것, 즉 자신의 동물적 육체를 이성의 법칙에 복종시키는 게 우리의 삶이다. 행복과 우리의 삶이 자신의 동물적 자아를 이성의 법칙에 복종시키는 데 있음을 이해하지 못하고 행복과 자신의 동물적 자아의 생존을 우리 삶의 전부라고 받아들이고 우리에게 부과된 삶의 임무를 거절할 때, 우리는 우리의 참된 행복과 참된 우리의 삶을 상실하고 그 자리에 우리 눈에 보이는 우리의 동물적 활동의 존재 방식을 올려놓게 된다. 그런데 그 동물적 활동의 존재 방식은 우리와 상관없이 성취되므로 본질상 우리의 삶이 될 수 없다.

제11장

지식의 잘못된 방향

우리의 동물적 개체에 실행되는 눈에 보이는 법칙이 우리 삶의 법칙이라고 보는 잘못된 판단은 아주 오래된 것으로 사람들은 언제나 이런 잘못된 판단에 빠져들었고, 또 지금도 빠져들고 있다. 이러한 잘못된 판단은 인식의 주요 대상, 즉 인생의 행복을 얻기 위해 동물적 자아를 이성에 복종시켜야 한다는 것을 사람들에게 숨기는 대신에 인생의 행복과 상관없는 인간의 생존을 연구하게 만든다.

행복을 얻기 위해 인간의 동물적 자아가 복종해야만 하는 법칙을 연구하고 그 법칙을 인식한 후 그것에 기반해 세계의 나머지 모든 현상을 연구하는 대신에 잘못된 인식은 지식의 기본적 주제와 아무 상관 없는 연구에 노력을 기울이고 있다. 지식의 기본 주제란 참된 인생의 행복을 얻기 위해 인간의 동물적 자아가 이성의 법칙에 복종해야 한다는 것이다. 그런데 이들은 오직 동물적 개체로서 인간의 행복과 존재 방식의 연구에만 노력을 기울이고 있다.

지식의 중요한 주제를 고려하지 않는 잘못된 지식은 과거와 현재 인간들의 동물적 생존 연구과 동물로서의 인간의 생존 조건 연구 전체에 온 힘을 기울이고 있다. 이들은 이 연구에서 인간 삶의 행복을 위한 지침이 발견될 수 있다고 본다.

잘못된 지식은 이렇게 논한다. "사람들은 우리 시대까지 존재하고 있고 또 존재해 왔다. 그들이 어떻게 생존해 왔는지, 그들이 생존할 때 시공간에 있어서 어떠한 변화가 일어났는지, 그 변화는 어디로 향했는지를 살펴보자. 이들 생존의 역사적 변화에서 우리는 이들 삶의 법칙을 발견할 수 있을 것이다."

지식의 주된 목적, 즉 인간의 자아가 자신의 이익을 위해 복종해야만 하는 합리적인 법칙 연구를 고려하지 않는 소위 학자라고 하는 자들은 자신들이 연구를 위해 설정한 목표로 말미암아 그 연구가 무익하다고 선고한 셈이 되었다. 만약 사람들의 생존이 실제로 그들의 동물적 생존의 일반 법칙의 결과에 따라서만 변한다면, 그 존재가 그렇게나 복종하는 법칙들의 연구는 완전히 무익하고 쓸모없는 게 된다. 그들의 생존 변화 법칙에 대해 사람이 알든 알지 못하든, 이 법칙은 실현되는 것이고, 그것은 두더지와 비버의 삶이 그들이 처한 조건에 따라 변화된다는 것과 다를 바 없는 것이다.

만약 사람에게 그의 삶이 복종해야 하는 이성 법칙에 대한 지식이 가능하다면, 그 법칙이 그에게 밝혀지는 장소 이외에 다른 곳에서는 그 이성 법칙의 인식이 전혀 퍼 올려질 수 없다는 게 자명하다. 그리고 그 장소는 바로 인간 자신의 이성적 의식 안이다. 그러므로 동물로서 사람이 어떻게 '존재했는지'에 대해 아무리 연구한다고 해도, 이 지식이 없으면 사람들 안에서 저절로 생기지 않을 인간 생존에 대한 지식은 결코 알 수 없을 것이다. 그리고 아무리 사람이 인간의 동물적 '존재 방식'을 연구한다고 해도 삶의 행복을 위해 동물적 존재인 인간이 복종해야만 하는 법칙을 알아낼 수는 없을 것이다.

이것은 역사학과 정치학으로 불리는, 삶에 대한 사람들의 일련의 무익한 판단 중 하나이다.

우리 시대에 특히 팽만한 또 다른 부류의 판단은 이것인데, 이 판단에서는 인식의 유일한 대상이 완전히 사라지고 만다. 과학자들은 이렇게 말한다. 관찰의 대상으로서 인간을 바라볼 때, 인간은 다른 모든 동물처럼 영양을 공급받고, 자라나고, 번식하고, 늙어 죽는다는 것이다. 그런데 이른바 그들이 말하는 심리적 현상 같은 몇 가지 현상이 정확한 관찰을 방해하고 지나치게 복잡하게 만든다는 것이다. 그러므로 인간을 좀 더 잘 이해하기 위해서는 인간의 삶을 이런 심리적 활동이 없는 동물과 식물에서 관찰되는 것과 유사한, 더 단순한 현상들로 먼저 바라보자고 제안한다. "이를 위해 우리는 동물과 식물의 삶 전체를 관찰할 것이다. 동물과 식물의 삶을 관찰할 때 우리는 그들 모두에게 공통적인 더 단순한 물질의 법칙들이 그들 모두 안에서 발현되는 것을 볼 수 있다."

그들은 동물들의 법칙이 인간 삶의 법칙들보다 더 단순하고, 식물들의 법칙은 더 단순하며, 물질의 법칙은 더 단순하므로, 연구는 가장 단순한 물질의 법칙에 기반을 두어야 한다고 본다. 우리는 식물과 동물에서 일어나는 일이 정확하게 인간에게도 일어난다는 것을 알고 있다. 그러므로 그들은 사람에게 일어나는 모든 일이 가장 단순하고 가시적이며 실험할 수 있는 죽은 물질에서 일어나는 것으로 설명될 수 있다고 결론을 내린다. 더구나 인간 활동의 모든 특징은 물질 안에 작동하는 힘에 끊임없이 좌우된다고 보는 것이다.

인간 육체를 구성하는 물질의 모든 변화는 그의 모든 활동을 변화시키고 파괴한다. 그러므로 그들은 물질 법칙이야말로 인간 활동의 원인이라고 결론을 내린다. 우리가 동물에도 식물에도 죽은 물질에도 없는 뭔가가 사람에게 있다는 생각, 그 뭔가가 인식의 유일한 대상이고, 그것 없이는 다른 모든 것이 아무 소용 없다는 생각은 그들을 당혹스럽게 만든다.

인간의 육체 안에서 일어나는 물질의 변화가 그의 활동을 무너뜨리면 물질의 변화가 인간 활동을 변화시키는 여러 원인 중 하나에 불과할 뿐이지, 물질의 움직임이 인간 활동의 원인임을 증명하는 게 아니라는 생각이 그들의 머리에는 떠오르지 않는다. 그건 마치 식물의 뿌리에서 흙을 제거했을 때의 해악이 흙이 어디든 있으면 좋고, 없으면 좋지 않다는 것을 증명할 뿐, 식물이 곧 흙의 산물임을 증명하는 게 아닌 것과 마찬가지이다. 그들은 죽은 물질에서도, 식물에서도, 동물 안에서도 일어나는 일을 사람 안에서 연구한다. 그들은 인간의 삶에 동반되는 현상의 법칙을 해명하는 것이 인간의 삶 자체를 해명해 줄 수 있다고 생각한다.

인간의 삶을 이해하기 위해, 그러니까 인간의 행복을 위해 그의 동물적 자아가 복종해야만 하는 법칙을 이해하기 위해 사람들은 인간의 삶이 아니라, 역사적 존재를 살펴보거나 인간에 의해 의식되지 않지만, 눈에 보이는 동물과 식물, 물질 모두가 여러 법칙에 복종하는 양상을 살펴본다. 그들이 따라야 하는 알 수 없는 목적을 발견하기 위해 그들에게 낯선 대상들의 상태를 연구하는 사람들이 하는 것과 똑같은 일을 하는 것이다.

역사 속에서 가시적 인간 존재가 어떻게 등장했는지에 대한 지식이 우리에게 교훈적일 수 있다는 말은 아주 지당하다. 인간이라는 동물적 개체와 다른 동물들의 법칙 연구도 교훈적이고, 물질 자체가 복종하는 법칙의 연구도 교훈적이라는 말도 마찬가지로 지당하다. 이 모든 연구는 마치 그림자처럼 어떤 법칙이 인간의 삶에서 틀림없이 실행되는 과정을 보여 주므로 인간에게 중요하다. 그러나 이미 실행되어 우리에게 보이는 지식은 아무리 그것이 온전하다고 할지라도 우리에게 필요한 중요한 지식, 즉 행복을 위해 우리의 동물적 자아가 복종해야만 하는 법칙에 대한 지식을 줄 수 없다. 실행되는 법칙에 대한 지식은 우리에게 교훈적이지만, 우리의 동물적 자아가 복종해야 하는 이성의 법칙을 인정할 때만 그렇지, 이 법칙이 전혀 인정되지 않을 때는 그렇지 않다.

나무는 나무 안에서 일어나는 화학적·물리적 현상을 아무리 잘 연구한다고 할지라도 (연구할 수 있다고 할지라도) 그 관찰과 지식에 근거해 자기 안에서 수액을 채취하여 줄기, 이파리, 꽃과 열매의 성장을 위해 수액을 분배할 필요성이 있다는 것을 결코 추론해 낼 수 없다.

인간도 그와 마찬가지이다. 그가 아무리 자신의 동물적 자아를 지배하는 법칙과 물질을 지배하는 법칙들을 잘 알고 있다고 할지라도 이 법칙들은 그의 손에 쥐고 있는 빵조각을 어떻게 할지, 아내에게 줄지, 다른 사람에게 줄지, 개에게 줄지, 아니면 자기가 먹을지, 그 빵조각을 지킬지, 아니면 달라고 하는 사람에게 줄지에 대한 지침을 그에게 전혀 줄 수 없다. 그런데 인간의 삶은 이와 유사한 문제들을 해결하는 것으로 이루어진다.

동물, 식물, 물질의 생존을 지배하는 법칙의 연구는 인간 삶의 법칙을 밝히는 데 유용할 뿐 아니라 필수적이지만, 그것도 이 연구가 인간적 지식의 주요 대상인 이성 법칙의 해명을 목표로 삼을 때만 그러하다.

인간의 삶이 동물적 생존일 뿐이며 이성적 의식에 의해 지시

되는 행복은 불가능하고, 이성의 법칙은 환영에 불과하다고 가정할 때, 이러한 연구는 인간의 눈에서 지식의 유일한 대상을 감추고, 대상의 그림자만 연구할 때 대상을 인식할 수 있다고 하는 망상 속에 인간을 잡아 두므로 쓸모없을 뿐만 아니라 해롭다. 이러한 연구는 살아 있는 존재가 움직이는 원인이 그 그림자의 변화와 움직임에 있다고 가정하여, 살아 있는 존재의 그림자의 모든 변화와 움직임을 주의 깊게 연구하는 인간의 행동과 비슷한 것이다.

제12장

거짓된 지식의 원인은
사물을 제시하는 관점이
거짓이기 때문이다

공자가 말하기를 참된 지식은 우리가 아는 걸 안다고 하고, 모르는 걸 모른다고 하는 것이라고 했다. 거짓된 지식은 우리가 모르는 것을 알고, 우리가 아는 것을 모른다고 하는 것이다. 우리 가운데 지배하는 거짓된 인식을 이보다 더 정확하게 규정하는 말은 없을 것이다. 우리 시대의 거짓된 지식은 우리가 알 수 없는 것을 알고, 우리가 유일하게 알고 있는 것을 알 수 없다고 가정한다. 거짓된 지식을 지닌 사람은 시간과 공간 속에서 그의 앞에 나타난 전부를 그가 알고, 그의 이성적 의식을 통해 알게 된 것을 모른다고 생각한다.

그런 사람에게는 일반적인 행복과 자기 행복이 가장 인식할 수 없는 대상으로 생각된다. 그의 이성과 이성적 의식 또한 거의 인식될 수 없는 대상으로 보인다. 그래도 조금은 더 인식할 수 있는 대상이 동물로서의 자신이라는 생각이 든다. 그리고 그보다 인식이 더 가능한 대상이 동물과 식물이고, 가장 인식이 가능한 대상은 무한히 분산된 죽은 물질이라는 생각이 든다.

인간의 시각에서도 뭔가 유사한 일이 일어난다. 사람은 언제나 무의식적으로 가장 멀리 있기에 색이나 윤곽으로 보아 가장 단순해 보이는 대상들, 즉 하늘, 수평선, 멀리 있는 들판과 숲에 그의 시선을 돌린다. 이 대상들은 멀리 있을수록 더 분명하고 단순하게 보이고, 가까이 있을수록 그 윤곽과 색감이 복잡하게 보인다.

만약 사람이 물체의 거리를 잴 수 없고 원근법으로 대상을 바라볼 수 없다면, 가시성의 정도에 따라 물체의 윤곽, 색깔의 단순함과 확실함을 더 크게 인지할 수 있다면, 그런 사람이 보기에 무한대의 하늘은 제일 단순하고 제일 잘 보이는 것 같고, 수평선의 윤곽은 덜 보이는 대상이다. 그리고 그보다 덜 보이는 것은 색깔과 윤곽이 복잡한 집과 나무들이고, 눈앞에서 움직이는 자기 손이고, 제일 잘 보이지 않는 대상은 빛이라는 생각이 들지도 모른다.

인간의 거짓된 지식도 똑같은 게 아닐까? 그가 확실하게 잘 알고 있는 그의 이성적 의식은 단순하지 않으므로 인식 불가능한 것처럼 보이지만, 확실하게 파악하기 힘든, 제한 없이 무한한 물질은 그에게 인식이 가능한 것처럼 보이는 것이다. 그 이유는 물질은 떨어져 있을 때 단순해 보이기 때문이다.

그런데 사실은 정반대이다. 모든 이가 무엇보다 먼저, 더 확실하게 자기가 추구하는 행복을 알 수 있고 또 알고 있다. 그리고 마찬가지로 모든 이가 그에게 행복을 지시하는 것이 이성임을 확실하게 잘 알고 있다. 또한 이성에 복종하는 자신의 동물적 면모를 잘 알고 있다. 그러나 그는 시간과 공간에서 그에게 나타나는 다른 모든 현상을 보기는 하지만 알지는 못한다.

삶에 대해 거짓된 개념을 지닌 사람만이, 시간과 공간에 의해 대상들이 더 정확하게 규정되면 될수록 그 대상을 더 잘 아는 것 같다고 느낀다. 실제로 우리는 행복과 이성의 법칙이 시간이나 공간에 의해서 규정되지 않는다는 것만을 온전히 알고 있다. 우리의 의식이 인식에 참여를 덜하면 덜할수록 우리는 외적 것에 대해 더 잘 모르고, 그 결과, 대상은 시간과 공간에서 차지한 위치에 의해서만 규정된다. 그러므로 대상이 시간과 공간에 의해 더 배타적으로 결정되면 될수록 그 대상은 사람에게 덜 인식되는 것이다. (즉 사람에게 덜 이해되는 것이다)

인간의 참된 지식은 자기 자아를 인식하고, 동물적인 것을 인식하는 것으로 귀결된다. 사람은 특별히 자기 개체와 별개인 다른 만물에 대한 지식을 통해, 행복을 추구하고 이성의 법칙에 복종하는 이 동물적인 것을 완전히 알게 된다. 그는 실제로 이 동물적인 것을 통해 자신을 아는데, 그가 그런 자신을 아는 것은, 그 자신이 시간적이고 공간적인 무엇이라서가 아니라 (반대로 그는 시간적이고 공간적인 발현으로서는 자신을 결코 인식할 수 없다) 행복을 위해 이성의 법칙에 복종해야만 하는 무엇이기에 아는 것이다. 그는 시간과 공간에 좌우되지 않는 무언가로서의 자신을 동물적인 것 안에서 알아낸다. 그가 시간과 공간 안에 있는 자신의 위치에 대해 자문할 때, 그의 머리에 무엇보다 먼저 떠오르는 것은 자신이 양방향으로 무한대인 시간의 한가운데 서 있다는 사실과, 자신이 그 표면이 어디에나 있고 또 어디에도 없는 공의 중심이라는 생각이다. 그리고 인간이 실제로 알고 있는 것은 바로 시간과 공간을 초월하는 자기 자신이고, 이 자신의 '나' 안에서 그의 실제적인 지식은 끝이 나게 된다. 인간은 이 자신의 '나' 밖에 있는 만물을 알지 못한다. 그들은 다만 그것을 표면적이고 불완전한 방식으로 관찰하고 규정할 수 있을 뿐이다.

행복을 추구하는 이성적 존재, 즉 시간과 공간을 초월하는 존재로서 자기 자신에 대한 지식에서 일시적으로 벗어났을 때, 사람은 조건부로 자신이 시간이나 공간 모두에서 모습을 드러내는 가시적 세계의 일부라고 가정할 수 있다. 시간과 공간 안의 다른 존재들과의 관계 속에서 자신을 바라볼 때 사람은 자신에 대한 진정한 내적 지식을 자신에 대한 외적 관찰과 결부시켜서 다른 모든 사람과 유사한 일반 인간으로서의 자신에 대한 개념을 가지게 된다. 자신에 대한 이 조건부의 지식에 따라 사람은 다른 사람들에 대해서도 몇 가지 외적 개념을 얻게 되지만, 그렇다고 해서 그들을 진정으로 아는 것은 아니다.

사람들에 대해 진정으로 아는 게 불가능한 이유는 그가 보는 사람이 한 명이 아니라 수백, 수천 명이고, 그가 결코 본 적 없고 또 앞으로도 보지 못할 사람들이 지금도 존재하고, 이전에도 존재했고, 또 앞으로도 존재할 것이기 때문이다.

사람은 자신으로부터 더 멀리 떨어져 있는 시간과 공간 밖 사람들 너머로 사람들과도 구분되고 자기들끼리도 구분되는 동물들을 눈으로 본다. 동물들은 그가 인간 전반에 대한 지식을 가지고 있지 않다면 그에게 전혀 이해되지 않는 존재들일 것이다. 그러나 그 지식을 가지고 인간의 개념에서 이성적 의식을 빼내면 그는 동물에 대한 몇 가지 개념을 얻어 낼 수 있다. 그러나 그 개념은 그가 보기에 인간 전반에 대한 개념보다 지식의 모양새가 훨씬 덜한 것 같다. 그는 다양한 동물들의 엄청난 수를 보지만, 그 수가 크면 클수록 그에게 그들을 인식할 가능성이 덜한 건 자명한 일이다. 사람은 자신으로부터 멀리 떨어져 있는 식물을 보는데, 세계에서 이 식물 분포의 확산이 더욱 커지면 커질수록 이들에 대한 인식은 더욱 불가능해진다.

자신으로부터 멀리 떨어지면 떨어질수록 사람은 시간과 공간 안의 동물들과 식물들 너머에 있는 죽은 육체를 보고, 이미 약간 구별되거나 혹은 전혀 구별되지 않는 물질의 형태를 본다. 사람에게 있어 물질은 무엇보다도 이해하기 어려운 대상이다. 그리고 또 물질 형태의 인식은 사람에게 아무래도 상관이 없는 일이다. 더구나 물질은 사람에게 시간과 공간 속에서 무한한 것으로 생각되기에 그는 그 형태를 모를 뿐 아니라 속으로 상상만 하게 되는 것이다.

제13장

대상의 인식 가능성의 증대는
대상이 시간과 공간 안에
존재하기 때문이 아니라,
연구 대상들과 우리가 따르는
법칙이 일치하기 때문이다

'개가 아프다, 귀여운 송아지가 나를 좋아한다, 새가 즐거워한다, 말이 두려워한다, 착한 사람, 못된 짐승' 같은 말보다 더 이해하기 쉬운 말들이 뭐가 있겠는가? 이처럼 잘 이해되고 중요한 말들은 시간과 공간에 의해 규정되지 않는다. 반대로 현상이 따르는 법칙을 우리가 잘 이해하지 못하면 못할수록, 현상은 시간과 공간에 의해 더 정확하게 규정된다. 누가 지구와 달과 태양의 움직임에서 일어나는 중력의 법칙을 이해한다고 말할 수 있겠는가? 그러나 일식日蝕은 시간과 공간에 의해 가장 정확하게 규정된다.

우리가 전적으로 알고 있는 것은 우리의 삶, 행복을 추구하는 마음과 우리에게 행복을 지시해 주는 이성뿐이다. 신빙성에 있어서 그 뒤에 오는 것이 행복을 추구하고 이성의 법칙을 따르는 우리 자신의 동물적 자아에 대한 지식이다. 우리의 동물적 자아에 대한 지식에는 이미 눈에 보이고 손에 만져지고 관찰되지만 이해하기는 어려운 시간적이고 공간적인 조건들이 들어간다. 신빙성에 있어서 그 뒤를 따르는 지식이 우리와 똑같은 동물적 개체들에 대한 지식인데, 이 안에서 우리는 행복을 바라는 우리와 공통으로 가지는 열망과 이성적 인식을 인지한다. 이 개체들의 삶이 우리의 삶, 행복을 바라는 열망, 이성 법칙을 따르는 법칙들에 가까워지면 질수록 우리는 이들을 잘 알 수 있다. 이들의 삶이 시간과 공간의 조건에서 발현되면 될수록 우리는 이들을 알지 못한다. 그러므로 우리는 다른 누구보다도 사람들에 대해 더 많이 알고 있다. 신빙성에 있어서 그 뒤를 따르는 지식은 동물들에 대한 우리의 지식인데, 그 안에서 우리는 우리처럼 행복을 추구하는 개체를 보지만, 우리의 이성적 의식과 닮은 점은 거의 보지 못한다. 그러므로 이성적 의식으로는 그들과 이미 교류할 수 없다. 동물에 뒤이어 식물을 보는데, 그 안에서 우리는 이미 우리와 비슷하게 행복을 추구하는 개체를 알아보기가 어렵다. 이 존재들은 우리에게 주로 시간적이고 공간적인 현상으로 나타나므로 우리의 지식이 도달하기가 더욱 어려운 것이다.

우리가 이들을 아는 것은 다만 이들 안에서 우리의 동물적 자아와 유사한 개체, 즉 우리의 자아처럼 이성의 법칙에 물질을 복종시키며 행복을 추구하고 시간과 공간의 조건 안에서 발현되는 자아를 그 개체 안에서 보기 때문이다.

우리의 지식이 접근하기 더 어려운 것이 비인격적이고 물질적인 대상들이다. 그들에게서 우리는 이미 우리의 인격과 유사한 점을 발견할 수 없고, 행복의 추구도 전혀 찾아볼 수 없기 때문이다. 다만 우리는 그들이 따르는 이성 법칙의 시공간적 발현만을 볼 수 있을 뿐이다.

우리 지식의 진실성은 시간과 공간에서 대상들을 관찰할 수 있느냐, 없느냐에 의해 좌우되지 않는다. 오히려 그와는 정반대이다. 시간과 공간 안에서 대상의 발현이 더 많이 관찰되면 될수록 우리는 이것을 더 이해할 수 없다.

세상에 대한 우리의 지식은 우리의 행복 추구의 의식과 그 행복에 도달하기 위해 동물적 이성에 따라야 할 필요성을 느끼는 의식에서 비롯된다. 만약 우리가 동물의 삶을 안다면, 그것은 우리가 동물에게서 행복의 추구와 동물 안에서 유기체의 법칙이 되는 이성 법칙에 따를 필요성을 보기 때문이다.

만약 우리가 물질을 안다면, 그건 물질의 행복이 우리에게 이해되지 않음에도 불구하고 여전히 우리가 그 속에서 우리 안에 있는 것과 마찬가지의 현상을 보기 때문이다. 그 현상이란 물질을 조종하는 이성의 법칙에 복종할 필요성이다.

어떠한 것이든 우리에게 인식은 삶이 이성의 법칙에 순종함으로써 획득되는 행복의 추구라는 우리의 지식을 다른 대상에 전가하는 것이다.

우리는 동물을 지배하는 법칙들로는 자신을 인식할 수 없지만, 우리 안에서 아는 법칙들을 통해서는 동물들을 인식할 수 있다. 더구나 우리는 물질 현상에 전가된 자신의 생명 법칙을 통해서 자신을 더욱 인식할 수 없다.

사람이 외적 세계에 대해 아는 전부는 오직 그가 자신을 알고 자기 안에서 세계와 맺은 세 개의 다른 관계를 알기 때문에만 아는 것이다. 첫 번째 관계는 자신의 이성적 의식이고, 두 번째 관계는 자신의 동물적 의식이며, 세 번째 관계는 그의 동물적 몸에 들어와 있는 물질이다. 그는 자기 안에 있는 이 세 개의 두 번째 관계를 알고 있고, 그러므로 그가 세계에서 보는 전부는 그의 앞에서 항상 세 개의 상호 개별적 국면의 관점에서 펼쳐진다. 그것은 1)이성적 존재 2)동물과 식물 3)살아 있지 않은 물질이다.

사람은 세상에서 항상 대상의 이 세 종류를 보는데, 그 이유는 그가 자기 안에 이 세 가지 인식의 대상을 가지고 있기 때문이다.

그는 자신을 1)동물적인 것을 복종시키는 이성적 의식으로서 2)이성적 의식에 복종하는 동물로서 3)동물적인 것이 복종하는 물질로서 안다.

사람들이 생각하듯 우리는 물질 법칙을 인식함으로써 유기체의 법칙을 인식할 수 있는 게 아니다. 유기체 법칙을 인식함으로써 자신을 이성적 의식으로 인식할 수 있는 게 아니라, 오히려 그와는 정반대이다. 무엇보다 먼저 우리가 인식할 수 있고, 또 인식할 필요가 있는 것은 자기 자신, 즉 우리의 행복을 위해 우리의 자아가 복종해야만 하는 이성 법칙이다. 그럴 때만 우리는 자신의 동물적 개체와 그와 유사한 개체들의 법칙, 그리고 또 자신과 상당히 먼 물질의 법칙도 인식할 수 있고 또 인식할 필요가 있는 것이다.

우리가 알아야만 하는 것은 자기 자신이고, 또 정말 알고 있는 것도 자기 자신이다. 우리에게 동물의 세계는 이미 우리가 자신 안에서 알고 있는 것의 반영이다. 물질적 세계는 이미 반영의 반영과 같은 것이다.

물질의 법칙은 우리가 보기에 단조롭기 때문에 우리에게 특별히 명료하게 보인다. 이들은 우리가 의식하는 우리 삶의 법칙에서 특히 멀리 떨어져 있으므로 우리에게 단조로워 보인다.

유기체의 법칙 또한 우리로부터 멀리 떨어져 있으므로 우리 삶의 법칙보다 더 단순해 보이는 듯하다. 그러나 그 안에서도 우리는 법칙들을 관찰만 할 뿐, 우리가 직접 실행해야만 하는 이성적 법칙을 아는 것처럼 그 법칙들을 잘 알고 있는 것은 아니다.

우리는 사실상 이도 저도 모르고, 다만 우리 밖에 있는 것을 보고 관찰할 따름이다. 우리는 우리의 이성적 의식의 법칙만을 확실하게 아는데, 그 법칙이 우리의 행복을 위해 필요하고, 또 우리가 그 의식으로 살아가고 있기 때문이다. 하지만 우리는 이성적 의식의 법칙을 보지 못하는데, 그 이유는 그것을 관찰할 수 있는 상위의 관점을 가지고 있지 못하기 때문이다.

우리의 이성적 의식이 우리의 동물적 개체를 자신에게 복종시키듯이, 그리고 동물적 개체(유기체)가 물질을 자신에게 복종시키듯이 우리의 이성적 의식을 복종시키는 상위의 존재가 존재한다면, 이 상위의 존재들은 우리가 동물적 존재와 물질적인 존재를 보듯이 우리의 이성적 삶을 볼지도 모른다.

인간의 삶은 자기 자신에게로 끌어들이는 두 종류의 존재들과 불가분의 관련을 맺고 있다. 그것은 동식물(유기체)의 존재와 물질의 존재이다.

사람은 자신의 참된 삶을 만들고 스스로 그 삶을 살아가지만, 그의 삶에 연루된 이 두 종류의 존재에는 참여할 수 없다. 그를 구성하는 육체와 물질은 그 자체들로 존재하고 있기 때문이다.

이런 종류의 존재들은 마치 전생에 대한 기억처럼 그의 삶에 통합되어 이미 살아온 이전의 삶인 것처럼 보인다.

인간의 참된 삶에서 이 두 종류의 존재는 그에게 작업을 위한 도구이자 재료이지 작업 자체가 아니다.

작업의 재료와 도구를 연구하는 것은 사람에게 유익하다. 이들을 더 잘 알면 알수록 더 나은 성과를 낼 수 있기에 그렇다. 삶에 포함된 자신의 동물적 존재와 그 동물적 부분을 구성하는 물질의 존재를 연구하는 것은 거울처럼 모든 존재의 일반적인 법칙, 즉 이성 법칙에의 복종을 사람에게 보여 준다. 그럼으로써 자신의 동물적 부분이 그 법칙에 복종해야 할 필요성을 확인시켜 준다. 그러나 사람은 작업의 재료이자 도구를 작업 자체와 혼동할 수 없고, 또 혼동해서도 안 된다.

자신과 타인들 안에 있는 가시적이고 감촉할 수 있고 관찰할 수 있는 삶, 그의 노력 없이 이루어지는 삶을 사람이 아무리 연구한다고 할지라도 이 삶은 언제나 사람에게 신비로 남게 될 것이다. 이러한 관찰로는 그에게 의식되지 않는 삶을 이해할 수 없을 것이다. 그리고 그로부터 멀어져 비밀스럽고 영원한 시공간 안으로 늘 숨어 버리는 삶을 관찰하는 것으로는 자신의 참된 삶을 밝혀 내지 못할 것이다. 사람의 의식은 참된 삶이 무엇인지 잘 알고 있다. 참된 삶은 그 무엇보다 그가 가장 잘 알고 있는 완전히 특별한 동물적 자아를 그가 가장 잘 알고 있는 완전히 특별한 이성의 법칙에 복종시킴으로써 만들어지는 것이다.

제14장

인간의 참된 삶은
시간과 공간 안에서 일어나는
그것이 아니다

사람은 자기 안에 있는 행복을 향한 열망을 삶이라고 아는데, 그 행복은 사람이 자신의 동물적 자아를 이성의 법칙에 복종시킴으로써 성취되는 것이다.

사람은 다른 형태의 인생을 모르고 또 알 수도 없다. 사람은 동물을 구성하는 물질이 그 자체의 법칙뿐 아니라, 유기체의 상위 법칙에 복종할 때만 그 동물을 살아 있다고 인정한다.

물질의 일정한 집합체 안에 유기체의 상위 법칙에의 복종이 있을 때, 우리는 이 집합체에 생명이 있다고 인정한다. 아니, 이 복종이 시작되지 않았거나 끝나지 않았을 때, 그리고 기계적이고 화학적이고 물리적인 법칙만 유효한 다른 나머지 모든 물질로부터 이 물질을 떼어 놓는 게 없을 때, 우리는 그 안에서 동물로서의 생명이 살아 있다고 인정하지 않는다. 마찬가지로 우리의 동물적 자아가 유기체의 법칙에 복종하는 것 외에 상위의 이성적 의식의 법칙에 복종할 때 우리는 우리와 비슷한 사람들과 자기 자신을 살아 있다고 인정한다.

만약 이성 법칙에의 복종이 없다면, 즉 사람 안에 그를 구성

하는 물질을 복종시키는 개체의 법칙 하나만 작용한다면, 우리
는 다른 이들에게서든 나 자신에게서든 인간으로서의 생명을 알
지 못하고 또 보지도 못할 것이다. 그것은 자신의 법칙들에만 복
종하는 물질에서 동물의 생명을 볼 수 없는 것과 마찬가지이다.

잠꼬대, 정신착란 혹은 임종, 만취, 심지어 감정의 폭발 가운
데 움직이는 사람이 아무리 강하고 빠르다고 할지라도 우리는 그
사람을 살아 있다고 인정하지 않고 그를 살아 있는 사람으로 대
접하지 않는다. 우리는 다만 그의 안에 있는 삶의 가능성만 인정
할 뿐이다. 그러나 사람이 아무리 약하고 또 움직이지 못한다고
할지라도, 그의 동물적 자아가 이성에 복종한다면, 우리는 그를
살아 있는 사람으로 인정하고 그를 그렇게 대접한다.

우리는 인간의 삶을 동물적 자아가 이성의 법칙을 따르는 것
외에 달리 이해할 수가 없다.

인간의 삶은 시간과 공간 속에서 나타나기는 하지만, 시간적
이고 공간적인 조건이 아니라 동물적 자아가 이성에 복종하는
정도를 통해서만 규정된다. 시간적이고 공간적 조건으로 삶을 규
정하는 것은 대상의 높이를 길이와 넓이로 규정하는 것과 다름
없다.

높은 곳으로 움직이면서 동시에 평면에서도 움직이는 물체
의 움직임은 인간의 참된 삶이 동물적 자아의 삶과 맺는 관계 혹
은 참된 삶이 시간적·공간적 삶과 맺는 관계와 정확히 유사하다.

위를 향한 움직임은 평면에서의 움직임에 좌우되지 않고, 그로 인해 커지거나 작아질 수 없다. 인간의 삶에서도 마찬가지의 일이 일어난다. 참된 삶은 언제나 개인 안에서 일어나지만, 이런저런 개인의 존재에 의해 좌우되지 않고, 또 커지거나 작아질 수 없다.

인간의 동물적 자아가 처한 시간적·공간적 조건은 동물적 개체가 이성적 의식에 복종함으로써 성립되는 참된 삶에 영향을 미칠 수 없다.

살고자 원하는 인간에게 존재의 시간적·공간적 움직임을 파괴하고 멈추는 것은 능력 밖의 일이다. 그러나 인간의 참된 삶은 이러한 명백한 시간적·공간적 움직임과 무관하게 이성에 복종함으로써 행복을 얻는다. 인간의 삶은 이성에 복종함으로써 점점 더 큰 행복을 성취하는 것이다. 이 복종이 더 커지지 않는다면, 인간의 삶은 시간과 공간이라는 두 개의 가시적 방향으로만 진행되는 것이고, 하나의 존재 방식만 존재한다. 그런데 그 운동이 위로 올라가는 움직임이고, 그것이 이성에 점점 더 복종하는 것이라면, 두 힘과 다른 하나의 힘 사이에 관계가 확립되고 인간의 존재를 생명의 영역으로 들어 올리는 합성력에 따라 크든 작든 운동이 일어나게 된다.

시간적·공간적 힘들은 일정하고 유한하며, 생명의 개념과 양립 불가능하다. 이성을 따름으로써 행복을 추구하는 힘은 위로 상승하는 힘으로 시간적·공간적 제한이 없는 생명의 힘 자체이다.

사람에게는 삶이 멈춰서 양분되는 것처럼 보이지만, 이 지연과 동요는 (외적 감각의 착각과 유사한) 의식의 착각일 뿐이다. 참된 삶의 지연과 동요는 존재하지 않고 존재할 수 없다. 그건 삶에 대해 잘못된 시각을 갖고 있을 때 우리에게 그런 것처럼 보이는 것일 뿐이다.

사람이 참된 삶을 살기 시작하면, 그러니까 동물적 삶에서 약간 위로 상승하게 되면, 그 높은 지점에서 필연적으로 죽음으로 끝나게 될 자신의 동물적 생존의 허망함을 보게 된다. 그의 생존이 평지의 사방에서 만들어진 심연으로 끊어지는 것을 보면, 위로의 상승이 인생 자체임을 인정하지 못하고, 높은 곳에서 바라다보이는 것으로 인해 두려움에 빠지고 만다. 그는 그를 높이 상승시키는 힘을 자신의 인생으로 인정하고 그의 앞에 열린 방향으로 가는 대신에, 높은 지점에서 그의 앞에 펼쳐진 것을 보고 두려움을 느끼고는, 일부러 아래로 내려가 그의 앞에 펼쳐진 절벽을 보지 않으려고 가능한 한 몸을 낮춘다. 그러나 이성적 의식의 힘이 그를 일으켜 세우면 그는 다시 절벽을 보고 두려움에 빠지지 않으려고 또다시 땅바닥에 엎드린다. 그가 그를 사로잡는 파멸적인 삶의 움직임 앞에서 느끼는 공포에서 벗어나기 위해 평지에서의 운동이, 그러니까 그의 시간적이고 공간적인 생존이 그의 삶이 아니고, 그의 삶은 위로 상승하는 운동이며 그의 자아가 이성의 법칙에 복종하느냐에 따라 삶과 행복의 가능성이 좌우되는 것임을 마침내 이해해야 한다는 것을 인정할 때까지 이러한 일들은 계속될 것이다. 그는 자신에게 심연 위로 올라가는 날개가 있다는 것과, 그 날개가 없다면 위로 절대로 올라갈 수 없고 절벽도 볼 수 없다는 것을 이해해야 한다. 그는 자신의 날개를 믿고 그 날개가 이끄는 곳으로 날아가야 한다.

오직 이런 믿음의 부족으로 인해 처음에는 이상해 보이는 참된 삶의 동요, 중단, 의식의 분열이라는 현상이 발생하게 된다.

시간과 공간에 의해 제한되는 동물적 생존으로 자신의 삶을 이해하는 사람만이, 이성적 의식은 동물적 생존 속에서 가끔 나타나는 현상일 뿐이라고 생각하는 듯하다. 자기 안에 일어나는 이성적 의식의 발현을 이렇게 바라보는 사람은 자기 안에서 이성적 의식이 언제, 어떠한 조건에서 나타나는지를 묻는다. 그러나 아무리 자신의 과거를 탐구해도, 사람은 이성적 의식의 발현 시간을 결코 발견할 수 없을 것이다. 그가 보기에는 언제나 이성적 의식이 존재하지 않았거나, 아니면 언제나 존재했던 것만 같은 것이다. 만약 그가 보기에 이성적 의식이 간격을 두고 나타났던 것 같으면, 그건 그가 이성적 의식의 삶을 삶으로 인정하지 않기 때문에만 그런 것이다.

자신의 삶을 오직 시간적이고 공간적인 조건에 의해 결정되는 동물적 생존으로만 이해할 때, 사람은 이성적 의식의 각성과 활동을 같은 잣대로 측정하려고 한다. 그는 자신에게 묻는다. "나는 언제, 얼마 동안, 어떤 조건에서 이성적 의식에 사로잡혀 있었나?" 그러나 이성적 삶이 각성하는 시간의 간격은 자신의 삶을 동물적 자아의 삶으로 이해하는 사람에게만 존재한다. 자기 삶이 어떠한 것인지 이해하는 사람에게는 이성적 의식 활동에 그러한 간격이 있을 수 없다.

이성적 삶은 존재한다. 오직 그것 하나만 존재하는 것이다. 일 분 혹은 오만 년이라는 시간의 간격이 이성적 삶에는 매한가지인데, 이유는 그 삶에는 시간이 적용되지 않기 때문이다. 참된 인간의 삶은 다른 모든 삶에 대한 개념을 스스로 구성해 내는 자료이고, 그의 자아가 이성 법칙을 따름으로써 성취하는 행복을 얻고자 하는 노력이다. 이성도, 그 법칙을 따르는 정도도 시간과 공간에 의해 정해지지 않는다. 인간의 참된 삶은 시간과 공간 바깥에서 발생하는 것이다.

제15장

동물적 자아가
행복을 포기하는 것이
인생의 법칙이다

삶이란 행복 추구이다. 행복 추구가 곧 삶이다. 모든 사람이 삶을 그렇게 이해해 왔고, 지금도 그렇게 이해하고 있고, 또 언제나 그렇게 이해할 것이다. 그러므로 인생이란 인간적 행복을 얻고자 하는 노력이고, 따라서 인간적 행복을 얻고자 하는 노력이 곧 인생이다. 군중, 즉 생각하지 않는 사람은 인간의 행복을 그의 동물적 자아의 행복으로 이해한다.

삶에 대한 정의에서 행복의 개념을 배제하는 거짓된 학문은 삶을 동물적 생존 안에서 이해하고, 동물적 행복에서만 삶의 행복을 보기에, 군중의 잘못된 생각과 같은 생각을 한다.

두 경우 모두 자아, 즉 과학이 일컫는 개성과 이성적 의식을 혼동하는 데서 오해가 일어난다. 이성적 의식은 자신 안에 자아를 포함한다. 자아는 자신 안에 이성적 의식을 포함하지 않는다. 자아는 동물적 존재로서의 동물과 인간 모두의 본성이다. 그런데 이성적 자아는 인간만이 지니는 본성이다.

동물은 자기 육체만을 위해 살고, 그가 그렇게 사는 걸 방해하는 것은 아무것도 없다. 동물은 자신의 자아를 만족시키며 무

의식적으로 자기 종에 봉사하지만 자기가 자아임을 알지 못한다. 그러나 이성적 사람은 오직 자기 육신만을 위해 살 수 없다. 그는 자신이 자아인 것을, 그러므로 다른 존재들도 자신과 똑같은 자아인 것을 알고, 이 자아들의 관계에서 일어날 수밖에 없는 모든 일을 알기에 동물처럼 살 수 없다.

만약 사람이 개인의 행복만을 추구하고 자신, 즉 자신의 자아만을 사랑한다면, 그는 동물이 그렇듯이 다른 존재들 역시 자신을 사랑한다는 것을 모를 수 있다. 그러나 만약 사람이 주변의 모든 개인이 행복을 추구하는 자아들임을 안다면, 그는 이성적 의식에게 악으로 보이는 행복을 추구할 수 없고, 그의 삶도 개인 행복만 추구할 수 없다.

가끔 사람에게는 그의 행복 추구 대상이 동물적 자아 욕구의 만족으로 생각될 때가 있다. 이러한 기만은 사람이 자신의 동물적 자아 안에서 일어나는 일을 자신의 이성적 의식 활동의 목표로 받아들인 결과로 발생한다. 마치 깨어 있을 때 꿈에서 본 것에 의해 지배당하는 사람이 행하는 일과 비슷한 일이 일어나는 것이다. 그리고 이 기만이 거짓된 가르침을 받는다면, 사람 안에서 자아와 이성적 의식의 혼동이 일어나게 된다.

그러나 이성적 의식은 사람에게 늘 그의 동물적 자아의 욕구 충족이 그의 행복이 될 수 없고, 그러므로 그의 삶이 될 수 없음을 보여 주고, 그의 동물적 자아 안에 집어넣을 수 없는 그의 고유한 삶과 행복으로 그를 걷잡을 수 없이 끌어당긴다.

　사람들은 통상 개인의 행복 포기가 위업이고 인간의 품위라고 생각하고 또 그렇게 말한다. 개인의 행복 포기는 품위, 위업이 아니라 인간 삶의 피할 수 없는 조건이다. 사람이 자신을 전 세계에서 분리된 개체로 의식하는 순간, 그는 전 세계에서 분리된 존재로서의 다른 개체들도, 그들 사이의 관계도, 자기 개인 행복의 허망함도, 그리고 그의 이성적 의식을 만족시킬 행복만이 유일하게 현실적인 행복임도 인식하게 된다.

　동물에게는 개체의 행복을 목적으로 삼지 않는 활동, 즉 개체의 행복과 정반대되는 활동이 삶의 부정이지만, 사람에게는 그와 정반대이다. 개인의 행복만을 성취하고자 하는 인간의 활동은 인간적 삶의 완전한 부정이다.

　존재의 비참함과 유한성을 보여 주는, 이성적 의식을 지니지 않은 동물에게 개체의 행복과 거기서 비롯되는 종족 보존은 삶의 최고 목표이다. 사람에게 개인이란 존재의 한 단계인데, 그 단계에서 삶의 참된 행복이, 즉 개인의 행복과 일치하지 않는 삶의 참된 행복이 그에게 열리게 된다.

　사람에게 개인의 의식은 삶 자체가 아니라, 그만의 고유한 행복을 더 많이 성취하는 것으로 전부 구성되고 동물적 자아의 행복에 좌우되지 않는 그의 참된 삶의 시작점이다. 삶에 대한 통념에 따르자면 인간의 삶은 그의 동물적 탄생에서 죽음에 이르는 시간의 한 조각이다. 그러나 이것은 인간의 삶이 아니다. 이것은 동물적 개체로서 인간이 존재하는 모습일 뿐이다. 인간의 생명은 유기적 생명이 물질의 존재 안에서 모습을 드러내는 그 무엇이듯 동물적 존재 안에서만 모습을 드러내는 그 무엇이다.

사람에게는 무엇보다도 자기 개인의 눈에 보이는 목표가 인생의 목표로 보인다. 그 목표는 눈에 보이므로 이해되는 것 같은 것이다. 그의 이성적 의식이 그에게 지시하는 목표는 보이지 않으므로 이해하기 어려운 것처럼 보인다. 그렇기에 처음에 사람은 눈에 보이는 것을 거부하고 눈에 보이지 않는 것에 몸을 맡기기가 두렵다.

세상의 거짓된 가르침으로 인해 왜곡된 시각을 가진 사람이 보기에는 자신에게도, 다른 사람들에게도 눈에 보이고 또 저절로 실행되는 동물적 요구들이 단순하고 명확해 보인다. 반면 이성적 의식의 눈에 보이지 않는 새로운 요구들은 정반대로 보인다. 그 요구의 충족은 저절로 이루어지지 않고 스스로 수행해야만 하므로 어쩐지 복잡하고 불분명해 보인다. 삶에 대한 눈에 보이는 개념을 거부하고 눈에 보이지 않는 의식에 몸을 맡기는 것은 마치 아기가 자신의 탄생을 느낄 수 있다면 태어나는 게 두렵고 끔찍할 것처럼 두렵고 끔찍한 일일 것이다. 그러나 눈에 보이는 개념은 죽음으로 이어지고, 보이지 않는 의식 하나만이 생명을 준다는 게 명확할 때는 다툴 이유가 없다.

제16장

동물적 자아는
생명을 위한 수단이다

그 어떠한 판단도, 개인적 존재는 끊임없이 죽어 가며 죽음을 향해 돌진하는 존재이고, 그러므로 그의 동물적 자아 안에는 생명이 있을 수 없다는, 의심할 여지 없이 명백한 진리를 사람에게 감출 수 없다.

사람은 인간 개인의 존재가 태어나서 유년기와 노년기를 거쳐 죽을 때까지 동물적 사람의 소비와 훼손에 불과하다는 것을 모를 수 없다. 그리고 그 소비와 훼손의 결과는 피할 수 없는 죽음이다. 그러므로 개인이 소멸하지 않고 증가하기를 바라는 열망을 가진 개인의 생명에 대한 의식은 삶의 유일한 의미가 행복 추구일 때 끊임없는 모순이자 고통이고, 악이 아닐 수 없다.

인간의 참된 행복이 무엇으로 이루어졌든 그가 동물적 사람으로서의 행복을 거부하는 건 피할 수 없는 일이다. 동물적 사람으로서의 행복을 거부하는 것은 인간 삶의 법칙이다. 만약 이성적 의식으로 표현되는 이 거부가 자유롭게 수행되지 않는다면, 그것은 동물적 사람으로서 육체적 죽음을 맞을 때 각 사람에게서 강제적으로 수행된다. 그때 죽어 가는 사람은 괴로운 의식에서 벗어나 존재의 다른 차원으로 넘어가기만을 열망한다.

　인간이 삶에 진입해서 사는 것은 주인이 마구간에서 끌어내 마구를 입히려는 말에게 일어나는 일과 유사하다. 마구간에서 나와 빛을 보고 자유를 감촉한 말은 이 자유 안에 삶이 있는 것처럼 느끼지만, 사람들은 그에게 마구를 입히고 그를 움직이게 만든다. 자기 등의 무게를 느낀 말이 자유롭게 달리는 게 자기 삶이라고 생각한다면, 그 말은 기를 쓰고 온몸을 비틀다가 쓰러지고 때로는 다쳐서 죽기도 할 것이다. 그러나 만약 말이 죽지 않는다면, 말에게는 출구가 두 개밖에 없다. 하나는 그대로 짐을 진 채 걸으며, 짐의 무게가 그다지 무겁지 않고 승마가 고통이 아니라 기쁨이라는 것을 깨닫든지, 아니면 사람의 손을 거절하는 것이다. 그렇게 하면 주인은 그를 탈곡용 바퀴를 끌도록 올가미에 걸어 벽에 묶을 것이고, 그의 발아래서 바퀴가 돌기 시작할 것이다. 말은 어둠 속에서 괴로워하며 한자리에서만 맴돌게 되겠지만, 그의 힘은 헛되이 소비되는 게 아닐 것이다. 그는 강요에 따라 노동을 한 것이지만, 여기에도 법칙이 작용한다. 다만 차이가 있다면, 전자는 기쁨으로 일을 하는 데 반해, 후자는 억지로 고통스럽게 일을 한다는 것이다.

　"그런데 사람인 내가 생명을 얻기 위해 행복을 부인해야만 하는 자아라는 건 도대체 무엇을 위한 것입니까?"라고 자신의 동물적 생존을 삶이라고 생각하는 사람들이 묻는다.

그의 참된 삶의 발현에 저항하는 개인의 이러한 의식은 무엇 때문에 사람에게 주어졌을까? 이 질문에 대한 답변은 자신의 생명과 종족의 보존이라는 목표를 향해 돌진하는 동물이 할 수 있을 만한 유사한 질문이 될 수 있을 것이다.

동물은 이렇게 물을 것이다. "목표를 달성하기 위해 내가 맞서 싸워야만 하는 이 물질과 법칙들, 기계적이고, 물리적이고, 육체적이고 또 다른 법칙들은 왜 있어야 하는 걸까?" "만약 내 소명이 동물적 삶의 실현이라면 내가 극복해야만 하는 이 모든 장벽은 왜 있어야만 하는 걸까?"

동물이 맞서 싸우는 모든 물질과 물질의 법칙은 동물 개체의 생존을 위해 동물을 복종시키므로 장애물이 아니라, 그들의 목적 달성을 위한 수단이라는 점은 우리에게 명백한 사실이다. 동물은 물질의 개조와 그 법칙들의 도움으로만 살아간다.

인간의 삶도 똑같다. 동물적 자아는 장애물이 아니라, 그가 갖고 작업하는 수단이다. 사람은 그 안에서 자신을 발견하고, 그 사람을 또 자신의 이성적 의식에 복종시키도록 부름을 받은 것이다. 인간에게 동물적 자아는 깨끗이 씻어서 보존하기 위해서가 아니라, 삽질하고 삽질하다가 무뎌지면 갈고, 소비하기 위해 이성적 존재에게 주어진 삽과 같은 것이다. 이것은 보존이 아니라 성장을 위해 그에게 주어진 선물이다. "제 목숨을 살리려고 하는 사람은 잃을 것이요, 나를 위하여 제 목숨을 잃는 사람은 살

것이다."[25]

이 말씀은 반드시 죽어야 하고, 끊임없이 죽어 가는 것을 보존하려고 하지 말아야 한다고, 죽을 예정이고 죽어야만 하는 우리의 동물적 자아를 부인할 때만 우리는 죽지 않고 또 죽을 수 없는 참된 생명을 얻을 수 있다고 말한다. 우리의 참된 삶은 우리에게 삶이 아니었고 또 삶일 수도 없었던 것, 그러니까 우리의 동물적 생존을 삶으로 간주하기를 멈출 때 시작된다고 말한다. 생명을 지탱해 주는 음식을 준비하기 위해 그에게 있는 삽을 지키는 사람은 삽을 지키는 대가로 음식과 생명을 잃게 된다.

---

25   누가복음 9:24

제17장

영으로 새로 태어나야 한다

그리스도는 "새로 태어나야 한다"[26]고 말씀하셨다. 이건 누군 가가 사람에게 태어나라고 명령했다는 것이 아니라, 사람이라면 피할 수 없이 그렇게 될 수밖에 없다는 말이다. 생명을 갖기 위해 그는 현재의 존재에서 이성적 의식에 의해 다시 태어나야만 한다.

사람에게 이성적 의식이 주어진 이유는 이성적 의식에 의해 발견되는 행복 위에 삶을 세워 갈 수 있게 하기 위해서다. 이 행 복 위에 삶을 세워 가는 사람은 생명을 가지고 있다. 이 안에 삶 을 세우지 않고 동물적 자아 위에 세우는 사람은 그럼으로써 자 신에게서 생명을 빼앗는 것이다. 이것이 그리스도께서 주신 삶의 규정이다.

개인의 행복 추구의 열망을 삶으로 인정하는 사람들은 이런 말씀을 듣고 인정하지 않는다기보다는, 이해하지 못하고 또 이해 할 수도 없다. 그들이 보기에 이런 말씀은 아무 의미가 없거나 의 미하는 바가 아주 적거나, 아니면 그들에게 생긴 자의적이고 감

---

26   요한복음 3:7 "새로 나야 된다는 내 말을 이상하게 생각하지 마라."

상적이고 불가사의한 (그들은 이렇게 부르는 것을 좋아한다) 기분을 의미하는 것에 불과하다고 느낀다. 바짝 말라 자라지 않은 씨앗이 수분을 머금어 이미 싹이 난 씨앗의 상태를 이해할 수 없듯이, 그들은 그들이 이해할 수 없는 상태를 설명하는 이 단어들의 의미를 이해할 수 없다. 살기 위해 태어나는 씨앗을 향해 빛을 비추는 태양은 마른 씨앗에게는 별 의미 없는 우연, 즉 약간 더한 따뜻함과 빛에 불과하지만, 싹을 틔운 씨앗에게 태양은 생명 탄생의 원천이다. 그와 꼭 마찬가지로 동물적 자아와 이성적 의식의 내적인 모순에까지 아직 이르지 못한 사람들에게 이성의 태양 빛은 아무것도 의미하지 않는 우연이자, 감상적이고 불가사의한 말들에 불과하다. 태양은 이미 생명이 시작된 자들만을 생명으로 이끈다.

사람뿐 아니라 동물과 식물에서 생명이 언제 태어나는지, 왜, 언제, 어디서 태어나는지를 아는 사람은 아무도 없었다. 그리스도는 사람 안에 일어나는 생명의 탄생에 대해서는 아무도 모르고 또 알 수도 없다고 말했다.[27]

사실 사람이 사람 안에서 생명이 어떻게 태어나는지를 어떻게 알 수 있겠는가. 생명은 인간들의 빛이다. 생명은 삶이고, 모든

---

[27]   요한복음 3:8 "바람은 제가 불고 싶은 대로 분다. 너는 그 소리를 듣고도 어디서 불어와서 어디로 가는지를 모른다. 성령으로 난 사람은 누구든지 이와 마찬가지다."

일의 시작이다. 그 생명이 어떻게 탄생하는지를 사람이 어떻게 알 수 있겠는가? 사람에게 태어나고 죽는 일은 살아 있지 않은 것, 즉 시간과 공간 안에서 일어나는 일이다. 참된 삶은 존재하고, 따라서 인간에게 그 삶은 태어날 수도 죽을 수도 없는 것이다.

제18장

이성적 의식은
무엇을 요구하는가

그렇다. 사람이 자신의 개체로부터 바라보는 세계 구조하에서는 그와 그의 개체에 맞는 행복은 있을 수 없다. 이성적 의식은 의심하거나 반박할 여지 없이 이렇게 말한다. 그의 삶은 자신, 다른 사람이 아닌 바로 자기 자신에게 행복을 바라는 것인데, 그는 그 행복이 불가능하다는 것을 알고 있다. 그러나 이상한 일은, 아무리 그가 행복의 불가능성을 알고 있다고 할지라도 불가능한 행복, 자기 자신만을 위한 행복을 열망하는 것 하나로만 살아간다는 것이다.

이성적 의식이 깨어났지만 (이제 막 깨어났지만), 동물적 자아를 이성적 의식에 복종시키지 못한 사람은 자살하지 않으면 오직 그 불가능한 행복을 실현하기 위해서만 살아간다. 사람은 그 한 사람에게만 행복이 있도록, 모든 사람과 심지어 모든 존재가 그 한 사람에게만 좋도록, 그에게만 즐거움이 되도록, 그에게는 고통과 죽음이 없도록 만들기 위해 살아가며 활동한다.

참으로 놀라운 일이다. 경험도, 주변을 둘러싸고 있는 모든 생명에 대한 관찰도, 이성도 각 사람에게 행복이 도달 불가능하다는 것을 아주 확실하게 보여 주고, 다른 살아 있는 존재들에게 자기들만 사랑하기를 멈추고 자기 한 사람만 사랑하도록 강요할 수 없다는 것을 보여 준다. 그런데도 각 사람의 삶은 오직 부, 권력, 명예, 명성, 아첨, 기만을 이용하여 어떻게 해서든 다른 존재들이 각자 자기들이 아니라, 자기 한 사람을 위해 살도록 강요할 뿐이라는 점, 즉 모든 존재에게 그들 자신이 아니라, 자기 한 사람만을 사랑하도록 강요할 뿐이니 말이다.

사람들은 이 목적을 위해 할 수 있는 모든 일을 다 해 왔고, 또 하고 있지만, 그러는 동시에 그들은 자신들이 불가능한 일을 하고 있다는 것을 알고 있다. "내 삶은 행복을 추구하는 것이다"라고 사람은 자기 자신에게 말한다. "내게 행복은 모든 이가 나를 자기 자신들보다 더 사랑할 때 가능하다. 그러나 모든 존재가 자기 자신만을 사랑한다. 그러므로 나를 사랑하도록 강요하기 위해 내가 행하는 모든 일은 무익하다. 무익하지만, 나는 다른 일을 할 수가 없다."

세월이 흐르면서 사람들은 천체로부터의 거리를 깨닫고 그들 모두를 규정하며 태양과 별의 구성을 깨닫는다. 그런데 개인적 행복의 요구를 그 행복의 가능성을 배제하는 세계의 삶과 어떻게 일치시킬 것이냐의 문제는 사람들 대부분에게 5천 년 전의 사람들에게 그러했듯 해결되지 않는 문제로 남아 있다.

이성적 의식은 각 사람에게 말한다. 그렇다. 너는 행복을 가질 수 있다. 그러나 모든 이가 너를 자기 자신들보다 더 사랑할 때만 그럴 수 있다. 그리고 똑같은 이성적 의식은 그들 모두가 자기 자신들만을 사랑하므로 그것이 불가능하다는 것을 그에게 보여 준다. 그러므로 이성적 의식에 의해 사람에게 밝혀진 유일한 행복이 다시 닫히게 되는 것이다.

세월이 흐르지만, 인생의 행복에 대한 수수께끼는 사람들 대부분에게 풀리지 않은 채로 남아 있다. 반면 그 수수께끼는 이미 오래전에 풀렸다. 수수께끼의 해답을 깨달은 사람들은 그들 스스로 수수께끼를 풀지 못했다는 것이 언제나 놀랍기만 하다. 그들이 보기에 이미 오래전에 알았는데 그걸 망각해 버린 것만 같은 것이다. 우리 세계의 거짓된 가르침 가운데서 상당히 어렵게 보이는 수수께끼의 해답은 아주 단순하게 저절로 주어진다.

당신은 모든 사람이 당신을 위해서 살고, 모든 이가 당신을 자신보다 더 사랑하기를 원하는가? 당신의 소원이 성취될 수 있게끔 하는 조건은 단 하나이다. 그 조건은 모든 존재가 다른 사람들의 행복을 위해서 살고 다른 이를 자신들보다 더 사랑하는 것이다. 그럴 때만이 당신과 모든 존재가 모든 이의 사랑을 받을 수 있고, 그들을 포함해 당신도 당신이 원하는 행복을 얻게 될 것이다. 만약 모든 존재가 다른 이를 자기들보다 더 사랑할 때만 당신에게 행복이 가능하다면, 살아 있는 존재로서 당신은 자신보다 다른 존재들을 더 사랑해야만 한다.

이러한 조건 아래에서만 인간의 행복과 삶이 가능하고, 인간의 삶을 해롭게 하던 것, 즉 존재들 간의 투쟁, 고통의 괴로움, 죽음의 공포가 사라진다.

과연 무엇이 개인적 존재의 행복을 불가능하게 만드는가? 첫째, 개인적 행복을 찾는 이들 간의 투쟁, 둘째, 인생의 낭비, 포만, 고통으로 이르게 하는 쾌락의 기만, 셋째, 죽음이다. 그러나 행복의 불가능성을 없애고, 행복을 성취하기 위해서는 사람이 자기 개인의 행복 추구를 다른 존재들의 행복 추구로 대체할 수 있다는 걸 마음으로 허락할 필요가 있다. 삶을 개인적 행복 추구로 보는 관점에서 세상을 바라봤을 때, 사람은 세상에서 서로를 죽이는 비이성적 투쟁을 보았다. 그러나 세상에서 전혀 다른 걸 보기 위해서는 사람이 다른 사람의 행복을 추구하는 게 자기 삶이라고 인정할 필요가 있다. 그 다른 것이란 존재들의 투쟁이라는 우연한 현상들 옆에 나란히 있는 존재들 상호 간의 끊임없는 봉사를 말한다. 이 봉사 없이 세상의 존재는 의미가 없다.

이를 허용할 가치가 있는데, 그렇게 하면 성취 불가능한 개인의 행복을 얻기 위해 예전에 하던 미친 듯한 활동이 세계의 법칙과 맞아떨어지는 자신과 전 세계가 실현할 수 있는 최대의 행복을 성취하고자 하는 다른 활동으로 대체될 것이기 때문이다.

개인적 삶이 비참하고, 인간에게 행복이 불가능한 다른 이유는 삶을 낭비하게 하고 포만과 고통으로 인도하는 개인적 쾌락의 기만성 때문이다. 사람이 다른 이의 행복을 추구하는 것을 자기 삶이라고 인정할 때, 쾌락의 기만적인 갈망은 없어질 것이다. 바닥을 모르는 동물적 자아의 빈 통을 채우고자 하는 무익하고 고통스러운 활동은 다른 존재들의 삶을 지지하기 위한 활동으로 대체될 것이다. 그런데 그 활동은 이성의 법칙에 합치되므로 그의 행복에 필수 불가결한 것이다. 삶의 활동을 파괴하는 개인적 고통의 괴로움은 의심할 여지 없이 유익하고 가장 즐거운 활동을 불러일으키는, 다른 이들에게 품은 공감의 감정으로 대체될 것이다.

개인적 행복이 비참한 세 번째 이유는 죽음의 공포이다. 사람이 자기 삶이 동물적 자아의 행복에 있지 않고 다른 존재의 행복에 있음을 인정할 때 죽음의 허수아비는 그의 눈앞에서 영원히 사라질 것이다.

죽음의 공포는 육체적 죽음과 함께 삶의 행복을 잃을지 모른다는 공포로 인해 발생한다. 만약 사람이 다른 존재들의 행복에서 자기 행복을 볼 수 있다면, 즉 자기보다 다른 이들을 더 사랑할 수 있다면, 죽음은 그에게 자기 자신만을 위해 살아가는 사람에게 보이듯 삶의 중단으로 여겨지지 않을 것이다. 다른 이를 위해 살아가는 사람에게 죽음은 행복의 죽음과 삶의 죽음으로 보이지 않을 수 있다. 왜냐하면 다른 존재의 행복과 삶은 그들에게 봉사하는 삶에 의해 파괴되지 않을 뿐 아니라, 삶의 희생으로 인해 더욱 자주 확장되고 강화될 것이기 때문이다.

제19장

이성적 의식의 요구는
사랑을 확증한다

"그러나 그건 사는 게 아니다"라고 화가 나서 길을 잘못 든 인간의 의식이 대답할 것이다. "그것은 삶의 거부, 자살이다"라고. 그러나 이성적 의식은, "나는 그런 건 아무것도 모르겠다. 인간의 삶은 그러한 것이고, 다른 삶은 없고, 있을 수도 없다"고 대답할 것이다. "나는 그보다 더한 것을 알고 있다. 그러니까 그러한 인생이 사람이나 전 세계를 위해서 좋은 인생이고 행복임을 알고 있다. 세계에 대한 예전의 시각에서 볼 때 내 인생과 모든 존재의 삶은 악이고 무의미함이었음을 안다. 그러나 이런 시각에서 인생은 사람 안에 부어진 이성의 법칙을 실현하는 것이다. 각 존재의 삶에서 가장 크고 무한대로 커질 수 있는 행복은 이 이성으로 각 사람이 모두에게 봉사할 때, 그리하여 모두가 각 사람에게 봉사할 때 성취될 수 있음을 나는 알고 있다."

"그러나 그것은 생각의 법칙이 될 수 있을지는 모르지만, 현실의 법칙은 아니다"라고 분노하고 타락한 인간의 의식이 답변할 것이다. "현재 다른 이들은 그들 자신보다 나를 더 사랑하지 않는다. 그러므로 나도 그들을 나 자신보다 더 사랑할 수 없고, 그들을 위해 만족을 잃고 고통을 당할 수는 없다. 이성의 법칙은 내알 바가 아니다. 나는 자신의 만족을 원하고 나 자신이 고통에서 벗어나고 싶다. 그러나 현재 존재들 간의 투쟁이 상존하는데, 만약 나 혼자 싸우지 않는다면, 다른 사람들이 나를 짓밟을 것이다. 모든 이의 가장 큰 행복이 마음으로 어떻게 성취되는지는 내게 아무려나 매한가지이다. 내게 지금 필요한 건 가장 큰 나의 실질적인 행복이다'라고 거짓된 의식이 말할 것이다.

"나는 그런 건 전혀 모른다"라고 이성적 의식은 답변할 것이다.

"나는 다만, 당신이 만족이라고 부르는 것이, 당신이 직접 취하지 않고 다른 이들이 당신에게 줄 때만 당신에게 복이 되리라는 것과 당신 스스로 자신을 위해 그 만족을 움켜잡을 때 당신의 만족은 지금처럼 과잉과 고통이 되리라는 것을 알고 있다. 당신 자신이 아니라, 다른 사람들이 당신을 구해 줄 때만 당신은 실제적 고통에서 벗어날 수 있다. 그런데 지금 당신은 상상 속의 고통에 대한 두려움으로 인해 삶 자체를 자신에게서 앗아 가고 있다.

모든 이가 나 한 사람만 사랑하고 나도 나만을 사랑하며, 가능한 한 더 많은 만족을 얻고 고통과 죽음에서 벗어날 수 있는 게 필요한 개인의 삶은 끊이지 않는 가장 큰 고통임을 나는 안다. 내가 자신을 더 사랑하면 할수록, 다른 사람과 싸우면 싸울수록, 사람들은 나를 더욱 미워하고 나와 더 독하게 싸울 것이다. 내가 고통에 장벽을 쌓으면 쌓을수록 고통은 더 끔찍해질 것이고, 죽음에 장벽을 쌓으면 쌓을수록 죽음은 더욱 두려워질 것이다.

사람이 무슨 일을 하든 삶의 법칙에 부합하게 살지 않는 한 행복을 얻을 수 없다는 것을 나는 안다. 그의 삶의 법칙은 투쟁이 아니라, 그와는 반대로 존재 상호 간의 섬김이다."

"그러나 나는 내 개인 안에 있는 삶만을 안다. 다른 존재들의 행복에서 내 삶을 찾는 건 내게 불가능하다."

"나는 그런 건 전혀 모르겠다"라고 이성적 의식은 말한다. "나는 다만 이전에는 무의미한 악으로만 보였던 내 삶과 세계의 삶이 지금은 내가 내 안에서 보는 동일한 이성의 법칙에 복종함으로써 하나의 행복을 향해 살아가는 하나의 이성적 총체로 보인다."

"내게는 그게 불가능하다"라고 타락한 의식은 말한다. "그러나 그와 동시에 이 불가능한 일을 할 사람은 없을 것이며, 이 불가능한 일에서 자기 삶의 가장 좋은 행복을 상정하지도 않을 것이다."

"다른 존재들의 행복에서 자기 행복을 찾는다는 건 불가능한 일이다." 반면 자기 외부 존재의 행복이 그의 행복이 될 수 있는 상태를 모르는 사람도 없을 것이다. "다른 이들을 위한 노동과 고통에서 행복을 찾는 건 불가능하다." 그러나 사람은 이 공감의 감정에 자신을 맡길 가치가 있다. 개인의 만족은 그에게 의미를 상실하고, 그의 생명력은 다른 이를 위한 노동과 고통으로 이전되며, 고통과 노동이 그에게 행복이 된다. "다른 이들의 행복을 위해 자신의 생명을 희생하는 건 불가능하다." 그러나 사람은 그 감정을 인식할 만한 가치가 있다. 그에게 죽음은 보이지 않고 두렵지 않을 뿐 아니라, 가장 도달하기 쉬운 행복으로 여겨질 것이다.

현명한 사람이 자기 자신만을 위한 행복 추구를 다른 존재들을 위한 행복 추구로 바꿀 가능성을 마음으로 허용한다면, 그의 삶은 예전의 우둔함과 비참함 대신 현명하고 선한 것이 되는 것을 보지 않을 수 없다. 다른 사람들과 생물들 안에 있는 삶을 그렇게 이해하기를 허용할 때, 전 세계의 삶이 예전에 드러냈던 무분별함과 잔혹함 대신 사람이 바랄 수 있는 최상의 현명한 행복이 되는 것을 보지 않을 수 없다.

삶은 예전의 무의미함과 무목적성 대신 그에게 현명한 의미로 다가온다. 그런 이에게 세계 삶의 목적은 세계 생물들의 무한한 깨달음이자, 연합이다. 삶은 그것을 향해 나아가고, 그 안에서 처음에는 인간이, 나중에는 모든 생물이 점차 이성의 법칙에 복종하게 될 것이다. 그리고 삶의 행복은 각 피조물의 개체적 행복의 추구가 아니라, 이성의 법칙에 따라 각 개체가 다른 모든 이의 행복을 추구함으로써 성취된다는 것(지금은 한 사람만 이해하도록 주어진 것)을 이해하게 될 것이다.

그러나 그뿐 아니라 사람이 자기 자신을 위한 행복 추구를 다른 존재를 위한 행복 추구로 교체할 가능성을 허용할 때, 자신의 자아를 점진적으로 더 부인하는 것이 자신에게서 다른 존재로 활동 목표를 옮기는 것이며, 인류와 인간에게 더 가까운 살아 있는 존재들을 점점 더 앞으로 전진시키는 것임을 깨닫지 않을 수 없다.

사람은 역사 속에서 보편적인 생명의 움직임이 존재들 간의 투쟁 강화와 확대에 있지 않고, 그와는 반대로 불화의 축소와 투쟁의 약화에 있음을 보지 않을 수 없다. 그리고 인생의 움직임이 이성에 복종함으로써 세계가 적대와 불화에서 화합과 일치로 점점 더 나아가는 것임을 보지 않을 수 없다. 이를 허용함으로써 사람은 서로를 잡아먹던 인간들이 잡아먹기를 그만두고, 포로들과 자신의 아이들을 죽이던 인간들이 살인을 그만두고, 살인을 자랑스러워하던 군인들이 그 자랑스러워하던 짓을 그만두고, 노예제도를 제정한 이들이 그것을 폐지하고, 동물을 죽이던 인간들이 동물을 길들이고 덜 죽이고, 동물의 고기 대신 달걀과 우유를 식량으로 삼기 시작하고, 세상에서 식물 파괴를 덜 하기 시작하는 것을 보지 않을 수 없다.

사람은 인류의 가장 훌륭한 인간들이 쾌락 추구를 질책하고 절제를 호소하는 것을, 그리고 후대에 칭송받는 최고로 훌륭한 인간들이 다른 이들의 행복을 위해 자신의 존재를 희생하는 모범을 보인다는 것을 잘 알고 있다. 이성의 요구에 따를 때만 허락되는 바로 그것이 세상에서 실제로 벌어지고 있으며 인류의 지난 삶을 통해 확증되고 있다는 것을 잘 알고 있다.

그러나 이것만이 아니다. 마치 전혀 다른 원천에서 나온 것 같은 어떤 것이 이성과 역사보다 더 강하고 설득력 있게 심장의 열망을 사람에게 보여 준다. 그 열망은 그를 사로잡아 직접적인 행복으로, 그의 이성이 보여 주는 활동으로, 그의 마음에 사랑으로 표현되는 그 활동으로 그를 데려간다.

제20장

자아의 요구는
이성적 의식의 요구와
양립 불가능한 것처럼 보인다

이성과 판단과 역사와 내적인 감정 모두가 삶에 대한 이와 같은 이해를 사람에게 확증해 주는 것처럼 보인다. 그러나 세상의 가르침으로 양육된 사람은 그래도 그의 이성적 의식과 감정의 만족이 그의 삶의 법칙이 될 수 없다는 생각을 한다.

"개인적 행복을 위해 다른 이들과 다투지 말기. 쾌락을 찾지 말기. 고통을 피하려고 하지 말고, 죽음을 두려워하지 말기. 이러한 것들은 불가능하다. 이건 삶 전체를 포기하라는 말이나 마찬가지이다. 내가 내 자아의 요구를 느끼고 이성으로 이 요구의 정당성을 인식할 때 내가 어떻게 자아를 포기할 수 있다는 말인가?" 세상의 교육을 받은 사람들은 완전히 확신에 차서 이렇게 말한다.

그리고 여기에 주목할 만한 현상이 하나 더 있다. 사리 분별의 훈련을 적게 받은 노동자들은 자아의 요구를 거의 고수하지 못하고, 언제나 자기 안에 있는 자아의 요구에 대립하는 이성적 의식의 요구를 느낀다. 그러나 사리 분별이 발달한 부유하고 섬세한 사람들 사이에서는 이성적 의식의 요구가 완전히 부정당하고 중요한 건, 이 요구의 정당성을 논박하고 자아의 권리를 고수하는 일이 흔한 현상이라는 점이다.

지적으로 발달했지만 나약하고 나태한 사람은 언제나 자아가 자신의 양도할 수 없는 권리를 가진다고 증명할 것이다. 굶주린 사람은 사람이 먹어야 한다는 것을 증명하지 않을 것이다. 그는 모두가 그것을 알고 있고, 그것은 증명할 필요가 없으며 논박할 필요도 없음을 알고 있다. 그러므로 그는 먹기만 할 것이다.

이런 현상은 이른바 교육을 받지 못하고 평생 육체노동으로 살아온 단순한 사람이 자신의 이성을 왜곡하지 않고 온전히 순수하고 강한 상태로 보존해 왔다는 데서 비롯된다.

평생 하찮고 별것 아닌 대상들뿐 아니라, 사람의 본성상 생각하게끔 되지 않는 대상들에 대해 평생 생각해 온 사람은 이성이 손상되어 자유롭지 못하다. 이성은 그의 본성에 맞지 않는 일에 분주하다. 즉 자기 개인의 욕구를 면밀하게 살피고, 그 욕구들을 발전시키고 확대하고 그것의 만족 수단을 찾느라 분주한 것이다.

"그러나 나는 내 개인의 요구를 느끼고, 그러므로 이 요구들은 정당하다"라고 세상의 가르침으로 양육받은 소위 교양 있는 사람들은 말한다.

이들은 자기 개인의 요구를 느끼지 않을 수 없다. 이런 사람들의 모든 삶은 개인 행복의 헛된 확대만을 지향한다. 그들에게 개인의 행복은 욕구의 만족이라는 생각이 든다. 이들은 자신의 이성을 집중시키는 개인 존재의 모든 조건을 개인의 욕구라고 부른다. 이성이 집중해서 의식한 욕구들은 늘 그 의식의 결과로 무한정 자라게 된다. 이렇게 자라난 욕구들을 만족시키다 보면 참된 삶의 욕구가 그들에게서 차단된다.

이른바 사람의 욕구에 대한 가르침을 연구의 기초에 두는 사회과학은 이 가르침에 부적절한 상황, 즉 자살하거나 굶어 죽는 사람에게 욕구가 전혀 없듯이 모든 사람에게 욕구가 전혀 없거나, 아니면 말 그대로 그 수가 무한대라는 상황을 잊곤 한다.

동물적인 사람의 생존 욕구는 이 생존의 여러 측면만큼이나 많고, 지구의 반경만큼이나 많다. 식량, 음료, 공기에 대한 욕구, 모든 근육과 신경을 쓰고자 하는 욕구, 노동, 휴식, 만족, 가정생활을 하고자 하는 욕구, 과학, 예술, 종교, 이들의 다양성을 누리고자 하는 욕구 등등 그 수가 헤아릴 수 없이 많은 것이다. 아이, 청소년, 어른 남성, 노인 남성, 아가씨, 여성, 노인 여성들이 위의 모든 일과 관련해서 느끼는 욕구들, 중국인, 프랑스 파리 사람, 러시아인, 라플란드[28] 사람이 느끼는 욕구, 일가의 관습, 질병들에 맞추어 나타나는 욕구 등….

세상이 끝날 때까지 열거해도 인간의 개인적 생존 욕구가 무

---

[28]   스웨덴 북부 노를란드 지방을 구성하는 지역 중 하나이다.

엇으로 이루어져 있는지를 전부 열거할 수 없을 정도이다. 욕구는 생존의 모든 조건이 될 수 있지만, 생존의 조건은 헤아릴 수 없이 많은 것이다.

그러나 사람들은 의식된 조건들만을 욕구라고 부른다. 하지만 의식된 조건들은 의식되는 즉시 자신의 진짜 의미를 잃고 그들에게 집중하는 이성이 그들에게 부여한 과장된 의미를 획득하면서 참된 삶을 가로막는다.

욕구들, 즉 사람의 동물적 생존의 조건으로 불리는 것은 몸을 부풀려 형태를 만들 수 있는 헤아릴 수 없이 많은 풍선에 비견될 수 있다. 모든 풍선은 서로 동등한데 몸이 부풀기 전까지는 자기 자리를 차지하고 서로를 압박하지 않는다. 모든 욕구도 동등하고 자기 자리를 가지고 있으면서 의식되기 전까지는 서로를 압박하지 않는다. 그러나 풍선 하나를 부풀려 볼 필요가 있다. 그러면 그 풍선이 나머지 다른 풍선들보다 더 큰 자리를 차지하면서 다른 풍선들을 압박하고 자기도 압박을 당하게 될 것이다. 욕구들도 마찬가지이다. 이성적 의식은 그들 중 하나에 집중할 수 있고, 그 의식된 욕구는 삶 전체를 사로잡아 인간의 존재 전부를 고통스럽게 만든다.

제21장

요구되는 건
자아를 부인하는 게 아니라,
자아가 이성적 의식에
복종하는 것이다

그렇다. 사람이 자신의 이성적 의식의 욕구를 느끼지 못하고, 자아의 욕구 하나만을 느낀다는 주장은 우리가 동물적 변덕을 강화하는 데 우리의 전 이성을 이용하고, 동물적 변덕이 우리를 지배하며 우리의 참된 인간적 삶을 우리에게 감추고 있다는 주장이나 마찬가지이다. 그것은 마구 자란 행악의 잡풀이 참된 삶의 싹을 짓밟았다는 말이다.

다른 이들의 스승으로 여겨지는 사람들이, 개별적 인간이 도달할 수 있는 최고의 완성은 그 개인이 섬세한 욕구를 다면적으로 발전시키는 것이고, 대중에게는 많은 욕구가 있고 그것을 충족시키는 게 대중의 행복이라고, 사람들의 행복은 그 욕구의 만족에 있다고 직접적으로 인정해 왔고, 또 지금도 인정하고 있다. 그러니 우리 시대에도 어찌 그렇지 않을 수 있겠는가.

그런 가르침으로 양육받은 사람들이 이성적 의식의 요구를 느낄 수 없고 개인의 욕구 하나만을 느낄 수 있을 뿐이라고 어떻게 주장하지 않을 수 있겠는가. 이성 전체가 정욕을 강하게 하는 데 남김없이 쏠릴 때 그들이 어떻게 이성의 요구를 느낄 수 있겠는가. 정욕들이 그들의 삶 전체를 삼켜 버렸는데, 그들이 정욕의 요구를 어떻게 단념할 수 있겠는가.

"자아를 부인하는 것은 불가능하다"라고 이 사람들은 일부러 질문을 왜곡하려고 애쓰고, 자아가 이성의 법칙에 복종한다는 개념 대신에 부정한다는 개념을 내세우며 통상 이렇게 말한다.

"그건 부자연스럽다, 그러므로 불가능하다"라고 그들은 말한다. 그런데 자아를 부정하라고 말하는 사람은 아무도 없다. 이성적 사람에게 있어 자아는 동물적 개체에게 있어 호흡, 혈액순환과 마찬가지이다. 동물적 개체가 혈액순환을 어떻게 포기할 수 있겠는가. 그런 것은 절대로 말해서는 안 된다. 이성적 사람은 자아의 부정에 대해서도 마찬가지로 말해서는 안 된다는 것이다. 혈액순환이 동물적 개체의 생존 조건이듯이 이성적 사람에게 자아는 그의 삶의 필수 조건이다.

동물적 개체로서 자아는 그 어떠한 요구도 표명하지 않고, 또 표명할 수도 없다. 이 요구들은 방향을 잘못 잡은 이성, 즉 삶을 지도하거나 조명하기 위해서가 아니라 개인의 정욕을 부풀리기 위해 방향을 잡은 이성이다.

동물적 개체의 요구는 언제나 충족되고 있다. 무엇을 먹고, 무엇을 입을 것인지 사람은 말할 필요가 없다. 모든 욕구는 이성적 삶을 산다면 새와 꽃처럼 사람에게도 보장되어 있다. 실제로 생각하는 사람이라면 자아의 욕구가 보장되어 있다고 해서 자기 생존의 비참함이 줄어들 것이라고 믿을 사람이 어디 있겠는가?

인간 생존의 비참함은 그가 개인이라서가 아니라, 그가 자기 개인의 생존을 삶이자 행복이라고 인정하는 데서 비롯된다. 바로 이러한 이유로 인간의 모순, 분열, 고통이 등장한다.

인간의 고통은 이성의 요구를 자기 자신에게 감추기 위해 무한대로 자라나는 자아의 요구를 강화하고 확대하는 것에 자기 이성의 힘을 이용할 때 시작된다.

사람이 생존하기 위한 모든 조건을 부정해서는 안 되는 것과 마찬가지로 자아를 부인해서는 안 되고, 또 부인할 필요도 없다. 그러나 그 조건들을 삶 자체로 인정하지 않을 수 있고 또 인정하지 말아야만 한다. 삶의 주어진 조건들을 누릴 수 있고, 또 누려야만 하지만, 그 조건들을 삶의 목적으로 바라볼 수 없고, 또 그렇게 바라봐서도 안 된다. 자아를 부인하지 않지만, 자아의 행복을 포기하고 자아를 삶으로 인정하기를 그만둬야 한다. 바로 이것이 통합으로 돌아가기 위해, 행복 추구가 삶을 구성하므로 그 행복이 인간에게 가능하기 위해 사람이 반드시 행해야만 하는 일이다.

아주 오랜 고대부터 인류의 위대한 스승들이 자아를 삶으로 인정하는 것은 삶의 파괴이고, 자아 행복의 부정이 삶의 업적을 이룰 수 있는 유일한 길이라고 가르쳐 왔다.

"알았다. 그런데 어쨌다는 말인가? 지금 불교에서 하는 말을 하는 건가?"라고 우리 시대의 사람들은 통상 이렇게 말한다. "이건 열반이고, 기둥 위에서 고행을 실행하라는 말이다!" 이런 말을 할 때, 우리 시대의 사람들은 개인적 삶이 비참하고 아무 의미가 없다는 것을 모든 이가 아주 잘 알고 있고, 그것을 아무에게도 감출 수 없다는 생각을 가장 성공적인 방법으로 반박하고 있다고 느낀다.

"이것은 불교이고, 열반이다"라고 그들은 말하고, 그들이 보기에 그들은 이런 말들로 무수히 많은 사람이 인정해 왔고, 또 인정하는 것과 우리 각자가 영혼 깊은 곳에서 아주 잘 알고 있는 것, 즉 개인의 목적을 위한 삶은 유해하고 무의미하며, 이런 유해성과 무의미성에서 벗어날 수 있는 출구가 있다면 그 출구는 의심할 여지 없이 개인 행복을 포기함으로써 열린다는 것 전부를 반박하는 것과 같다.

인류의 절반 이상이 삶을 이제까지 그렇게 이해해 왔고 또 지금도 그렇게 이해하고 있다는 사실, 가장 위대한 지성들이 삶을 그렇게 이해해 왔다는 사실, 그리고 삶을 달리 이해할 방도가 없다는 사실에 그들은 조금도 당황하지 않는다. 그들은 삶의 모든 문제가 가장 만족스러운 방식으로 해결되지 않는다면, 전화, 오페레타, 박테리아학, 로브라이트[29] 등과 같은 것으로 해소될 것

---

29   광산에서 쓰이는 불꽃 없는 폭약으로, 무염 폭약의 하나이다.

154

이라고 아주 확신한다. 그리고 개인적 삶의 행복을 포기한다는 생각은 그들에게 고대적 무지함의 흔적으로밖에는 생각되지 않는 것이다.

다른 한편 불행한 사람들은 개인 행복의 포기를 명목으로 열반을 위해 한 다리로 수년간 서 있는 가장 미개한 인도 사람이 그들, 즉 야수처럼 변해 철도로 전 세계를 돌아다니고 전등 빛과 전화, 전신을 통해 전 세계에 자기의 짐승 같은 상태를 보여 주며 퍼뜨리고 다니는 우리 현대 유럽 사회의 사람들보다 비할 데 없이 훨씬 더 살아 있는 사람임을 의심하지 않는다. 이 인도 사람은 개인의 삶과 이성적 삶 사이에 모순이 있다는 것을 이해하고 그것을 자기가 할 수 있는 방식으로 해결하고 있다. 그런데 우리 문명 세계의 사람들은 이 모순을 이해하지 못할 뿐 아니라, 심지어 그것이 존재한다는 것조차 믿지 않는다.

인간의 삶은 수천 년에 걸쳐 인류의 정신적 노력으로 획득한 인간 개인의 생존이 아니라는 명제는, 인간(동물적이지 않은)에게 도덕적 차원에서 지구의 자전과 중력의 법칙만큼이나, 아니 그보다 훨씬 더 의심할 여지 없이 확고한 진리가 되어 버렸다. 생각하는 모든 사람, 학자, 무식한 사람, 노인, 아이도 이것을 이해하고 알고 있다. 다만 아프리카와 오스트레일리아, 그리고 유럽의 도시와 수도에 사는, 생활에 어려움이 없는 분별력을 잃은 사람들에게만 이 사실이 가려져 있을 따름이다. 이 진리는 인류의 자산이 되었고, 만약 인류가 역학, 대수학, 천문학과 같은 부수적인 지식은 물론 삶의 정의에 대한 기본적이고 중요한 지식에서 퇴보하지 않는 한 뒤로 되돌릴 수 없다. 이 명제가 인류의 의식에서, 수천 년의 삶에서 나왔다는 것, 즉 개인적 삶의 허무함, 무의미함, 비참함이 천명되었다는 것을 잊고 지우는 건 이미 불가능하다.

이른바 우리 유럽 세계의 과학이 개인의 생존으로서 삶을 바라보는 노아의 홍수 이전의 시각을 복원하고자 하는 시도들은 인류의 이성적 의식이 얼마나 성장했는지를 더 명확하게 보여 주고, 인류가 어린아이 같은 옷 바깥으로 얼마나 자라났는지를 더 명확하게 보여 줄 따름이다. 자살에 대한 철학적 이론과 실제 무서울 정도로 증가하고 있는 자살 비율은 인류가 이미 지나간 의식의 단계로 되돌아갈 수 없음을 보여 준다.

개인적 생존으로서의 삶은 인류에 의해 그 명을 다했으므로 인류는 다시 그것으로 되돌아갈 수도 없고, 인간의 개인적 생존이 의미 없다는 것을 잊을 수도 없다. 우리가 무엇을 쓰든, 어떤 말을 하든, 무엇을 발견하든, 아무리 개인적 삶을 완전하게 만들어 간다 해도 개인적 행복 가능성의 부정은 우리 시대의 모든 이성적 인간에게 흔들리지 않는 진리로 남아 있다.

"그래도 어쨌든 지구는 돈다." 문제는 갈릴레오와 코페르니쿠스의 명제를 전복하고 새로운 프톨레마이오스 그룹을 고안해 내는 데 있지 않다. 이미 그런 그룹은 만들어 낼 수 없다. 문제는 앞으로 더 나가야 한다는 것, 인류 공통의 의식에 이미 들어온 명제로부터 진일보한 결론을 내려야 한다는 데 있다. 바라문 교도들도, 부처도, 노자도, 솔로몬도, 스토아학파[30]도, 인류의 진실한 사상가들도 모두 발언한 개인 행복의 불가능성에 대한 명제도 마찬가지이다. 이 명제를 자신에게 숨기지 않고 온갖 수단으로 회피하지 않고 용감하고 명료하게 인정하고 거기서 다음 단계의 결론을 도출하는 게 필요하다.

---

[30] 기원전 3세기에 등장한 그리스 로마 철학의 한 유파. 로고스로 대표되는 이성과 금욕적인 삶을 중시했다. 인간은 이성이 지배하는 자연법을 따라 살아야 한다고 보았다.

제22장

사랑의 감정은
이성적 의식을 따르는
자아 활동의 발로이다

이성적 존재가 개인의 목표를 위해 산다는 건 불가능하다. 왜냐하면 모든 길이 그에게 막혀 있기 때문이다. 인간의 동물적 자아가 이끌리는 모든 목표는 결코 도달할 수 없는 것들이다. 이성적 의식은 다른 목표를 가리키고, 그 목표들은 도달이 가능할 뿐 아니라 인간의 이성적 의식을 완전히 만족시켜 준다. 그러나 처음에는 이 목표들이 세계의 거짓된 가르침의 영향을 받아 그의 자아와 모순되는 것처럼 생각된다.

현대 사회에서 양육을 받은, 음욕이 과장되게 발달한 자아의 사람은 아무리 이성적 '나' 안의 자신을 인정하려고 해도, 자신의 동물적 자아 안에서 느끼는 삶을 향한 열망을 이성적 '나' 안에서는 느끼지 못한다. 이성적 '나'는 마치 삶을 관조하는 것 같지만, 스스로 살지 않고 생명에 끌리지 않는다. 이성적 '나'는 삶을 향한 갈망을 느끼지 못하지만, 동물적 나는 고통을 당해야만 한다. 그러므로 남은 것이라고는 단 하나, 삶에서 벗어나는 것뿐이다.

우리 시대의 부정적인 철학자들(쇼펜하우어, 하르트만[31])은 삶을 부정하면서도 삶에서 벗어날 기회를 잡는 대신 여전히 그 안에 머무름으로써 문제를 불성실하게 해결하고 있다. 오히려 자살하는 사람이 악 외에는 그들에게 아무것도 제공하지 않는 삶에서 벗어남으로써 이 문제를 양심적으로 해결하고 있다. 그들에게 자살은 우리 시대에 인생의 우둔함에서 벗어날 수 있는 유일한 출구로 여겨지는 것이다. 염세주의적인 철학과 가장 평범한 자살자들이 내린 결론은 이러하다.

"삶에 대한 애착이 내면에 있는 동물적 내가 존재한다. 그리고 삶에 대한 애착을 지닌 나는 만족할 수 없다. 이성적 다른 내가 존재하는데, 그 안에는 삶에 대한 애착이 없다. 그리고 그 나는 거짓된 모든 삶의 낙과 동물적 나의 정열을 비판적으로 관조하고 그 모두를 부정한다.

내가 전자에 몸을 맡기면 분별없이 살면서 불행을 향해 가다가 점차 불행에 더 깊이 빠지게 된다. 내가 후자, 즉 이성적 '나'에게 몸을 맡기면 삶에 대한 애착이 내 안에 남게 되지 않는다. 내가 삶의 목적으로 삼는 단 한 가지, 즉 자아의 행복만을 위해 산다는 것은 어리석고 불가능한 일임을 '나'는 알고 있다. 이성적 의

---

31   하르트만(1842~1906) : 독일의 철학자이다. 그의 철학은 '무의식의 철학'이라고 불린다. 그는 모든 행복의 추구가 불행의 근원이므로 행복의 추구에서 벗어나서 고뇌가 없는 상태가 되어야 한다고 주장했다.

식을 위해 살 수도 있을 테지만, 그렇게 살 이유도 없고, 또 그렇게 살고 싶지도 않다. 만약 신이 존재한다면, 나 말고도 그를 섬기는 사람들이 많을 것이다. 그런데 내가 왜 섬겨야 한다는 말인가. 아직 따분함을 느끼기 전까지는 삶의 모든 장난을 봐 줄 수 있다. 그런데 따분하다. 그러니 떠날 수 있다. 자신을 죽이면 그만이다. 그러므로 나는 그렇게 한다."

바로 이것이 솔로몬 이전, 부처 이전에 인류가 품었던 삶에 대한 모순된 개념이다. 그런데 지금 현대 인류의 거짓 교사들이 그 가르침으로 되돌아가려고 하고 있다.

자아의 요구는 무분별함의 극치에 이르고 있다. 깨어난 이성은 이들을 부인한다. 그러나 자아의 요구가 자랄 대로 자라서 인간의 의식을 채우게 되면 사람은 이성이 삶 전체를 부정하는 것 같다고 느낀다. 만약 삶에 대한 자신의 의식에서 그의 이성이 부정하는 전부를 배제해 버린다면 아무것도 남지 않을 것 같은 생각이 드는 것이다. 그러면 그는 남아 있는 것을 이미 보지 못한다. 남은 것 속에 생명이 있는데, 그 남은 것이 그에게는 아무것도 아닌 것처럼 보이는 것이다.

그러나 그 빛이 어둠 속에서 비치고 있다. 그러나 어둠은 빛을 이겨 본 적이 없다.[32]

---

[32]   요한복음 1:5

161

진리의 가르침은 무분별하게 생존할 것이냐, 아니면 그것을 거부할 것이냐의 딜레마를 알고 그것을 해결한다.

언제나 행복에 대한 가르침이라고 불리는 가르침, 즉 진리의 가르침은 사람들에게 동물적 자아를 위해 찾는 기만적인 행복이 아니라, 언젠가 어디선가 받을 수 있는 행복이 아니라, 그들과 불가분이고 언제나 도달이 가능한 실질적 행복을 그들이 지금 이곳에서 언제나 가지고 있다고 가르친다.

이 행복은 생각으로부터 도출된 무언가가 아니고, 어디선가 찾아내야만 하는 무언가도 아니다. 그것은 언젠가 어딘가에 약속된 행복이 아니라, 타락하지 않은 사람 각자의 영혼이 직접적으로 이끌리는, 사람에게 가장 익숙한 행복이다.

모든 사람이 아주 어린 시절부터 동물적 자아의 행복 말고 다른 가장 좋은 행복이 있다는 것을 알고 있다. 그 행복은 동물적 자아가 지닌 음욕의 만족과 상관없을 뿐 아니라 반대로 동물적 자아의 행복으로부터 멀어지면 멀어질수록 더 커진다는 것을 알고 있다.

모든 사람이 인생의 모든 모순을 해결하고 인간에게 가장 큰 행복을 주는 이 감정을 알고 있다. 그 감정은 사랑이다.

삶은 이성의 법칙에 복종하는 동물적 자아의 활동이다. 이성은 인간의 동물적 자아가 자기 행복을 위해 복종해야만 하는 법칙이다. 사랑은 인간의 유일한 이성적 활동이다.

동물적 자아는 행복에 이끌린다. 이성은 사람에게 개인적 행복의 기만성을 알려 주고, 하나의 길을 남겨 둔다. 그리고 그 길에서 일어나는 활동이 사랑이다.

인간의 동물적 자아는 행복을 요구하고, 이성적 의식은 인간에게 서로 간에 투쟁하는 모든 존재의 비참함을 말하며 그의 동물적 자아의 행복이 불가능하다고 말한다. 그리고 그에게 유일하게 가능한 행복은 다른 존재들과의 투쟁도, 행복의 중단도, 행복의 포화도, 죽음의 예견도, 두려움도 없는 행복이라고 가르친다.

한 자물쇠에만 맞게 만들어진 열쇠처럼 사람은 이성이 그에게 유일하게 가능한 것이라고 가리키는 행복이 주는 감정을 자기 영혼 안에서 찾아낸다. 그리고 이 감정은 삶의 이전의 모순을 해결할 뿐 아니라 그 모순에서 자기 발현의 가능성을 찾아내기도 한다.

동물적 자아는 자신의 목적을 위해 인간의 자아를 이용하고 싶어 한다. 그러나 사랑의 감정은 다른 존재들의 이익을 위해 자신의 존재를 내어주도록 그를 인도한다.

동물적 자아는 고통스러워한다. 그리고 고통과 고통을 완화하는 것이 사랑이라는 활동의 주요 대상이다. 동물적 자아는 행복을 추구하며 숨을 쉴 때마다 가장 거대한 악, 죽음을 향해 돌진하고, 그 죽음을 예견하는 것이 자아의 모든 행복을 파괴한다. 그런데 사랑의 감정은 이 공포를 파괴하지 않을 뿐 아니라, 다른

이들의 행복을 위해 자신의 육체적 존재를 끝까지 희생할 수 있
도록 사람을 인도한다.

제23장

자기 삶의 의미를 이해하지
못하는 사람에게 사랑이라는
감정의 발현은 불가능하다

모든 사람은 사랑의 감정 안에 뭔가 특별한 능력, 즉 삶의 모든 모순을 해결하고 인간에게 온전한 행복을 줄 수 있는 능력이 있다고 알고 있다. 인생이란 바로 그 온전한 행복을 추구하는 것으로 이루어진다. "그러나 가끔 찾아드는 이 감정은 잠시만 지속될 뿐 결국 더 좋지 않은 고통에 시달리게 되지 않는가"라고 삶을 잘 이해하지 못하는 사람들은 말한다.

이런 사람들에게 사랑은 이성적 의식이 생각하는 것처럼 생명의 유일하게 정당한 발현이 아니라, 삶에 수천 가지로 다양하게 존재하는 우연한 사건 중 하나로만 여겨진다. 즉 살아가는 동안 사람이 흔히 품게 되는 수천 가지 다양한 마음 상태, 예를 들면 사람은 멋을 부리기도 하고, 과학이나 예술에 매료되기도 하고, 일, 명예, 부의 획득에 매료되기도 하고, 누군가를 사랑하기도 하는데, 그럴 때 느끼는 여러 마음 상태 중 하나로만 여겨진다. 삶을 이해하지 못하는 사람에게 사랑이라는 마음 상태는 인간 삶의 본질이 아니라 사람이 살아가는 중 겪게 되는 다른 모든 상태와 마찬가지로 그의 의지와 관계없이 찾아드는 우연한 마음

가짐으로 생각되는 것이다. 심지어 사랑은 삶의 정상적인 흐름을 파괴하는 뭔가 비정상적이고 고통스러운 마음 상태라는 주장도 우리는 자주 읽고 들을 수 있다. 태양이 떠오를 때 부엉이가 느낄 법한 마음 상태와 비슷하다는 것이다.

사실 이 사람들은 사랑의 상태에 뭔가 특별한 것이 있다고, 다른 모든 마음 상태보다 더 중요한 게 있다고 느낀다. 그러나 이들은 삶을 이해하지 못하므로 사랑도 이해하지 못한다. 사랑의 상태는 그들에게 다른 상태와 마찬가지로 그렇게 비참하고 기만적인 것으로 생각된다.

사랑한다고? … 그러나 누구를?
잠시 왔다 가는 것에 애쓸 필요 없고,
영원히 사랑하는 것은 불가능한데…[33]

이 시는 사랑 안에 삶의 비참함으로부터의 구원과 참된 행복과 유일하게 닮은 무언가가 있다고 생각하는 사람들의 막연한

---

[33] 19세기 전반기 낭만주의 작가 레르몬토프(1814~1842)의 시 〈따분하고 슬프다〉에 나오는 한 연이다. 레르몬토프는 19세기 러시아 낭만주의 시대의 대표적인 작가이다. 푸시킨의 죽음 이후 저항 시인으로 명성을 날리다가 니콜라이 1세의 탄압을 받는다. 장교로 체첸과의 전쟁에 투입된다. 문학 활동에 전념하기 위해 퇴역을 신청하지만, 황제에 의해 거부당한다. 다시 전장으로 돌아가던 길에 퍄티고르스크에서 친구 마르티노프와 결투를 한 끝에 26세의 나이로 요절한다. 시 〈시인의 죽음〉, 희곡 《가장무도회》, 소설 《우리 시대의 영웅》 등이 있다.

의식을 정확하게 표현한다. 그와 동시에 삶을 이해하지 못하는 사람들에게 사랑은 구원의 닻이 될 수 없다는 고백을 정확히 담아낸다. 사랑할 사람이 없으니, 모든 사랑은 그냥 지나가고 만다. 그러므로 사랑은 사랑할 누군가가 있고, 영원히 사랑할 사람이 있을 때만 행복이 될 수 있다. 그런데 그런 일이 없으니, 사랑 안에 구원이 없고, 사랑은 나머지 모든 마음 상태와 똑같은 기만과 고통이 되는 것이다.

생명은 동물적 생존에 지나지 않는다고 배우고 가르치는 사람들은 이런 식으로만, 그러니까 이런 방식 말고는 달리 사랑을 이해할 수 없다.

그런 사람들에게 사랑은 우리가 무의식적으로 사랑이라는 단어와 연관 짓는 개념과도 잘 맞아떨어지지 않는다. 사랑은 사랑하는 사람과 사랑받는 사람에게 행복을 주는 선한 작용이 아니다. 동물적 자아의 삶만 인정하는 사람들의 개념에서 사랑은 자기 아이의 행복을 위해 배고픈 다른 아이에게서 그 어머니의 젖을 빼앗아 내 아이를 먹이는 데 성공해야 한다는 생각에 아주 자주 안달하며 괴로워하는 바로 그런 감정이다. 그 감정으로 아버지는 자기 아이를 지키기 위해 자신을 괴롭히며 배를 곯는 사람들에게서 마지막 빵조각마저 빼앗는다. 그 감정으로 여인을 사랑하는 남자는 사랑 때문에 괴로워하고, 여인을 유혹하면서 고통받게 만들거나 질투심으로 인해 그녀와 자신을 파멸시킨다. 그 감정으로 남자는 사랑 때문에 여인을 강간하는 경우조차 종종 있다. 그 감정으로 한 집단의 사람은 자기들을 보호하기 위해 다른 사람에게 해를 가한다. 그 감정으로 인해 어떤 사람은 좋아하는 작업을 하느라 자신을 괴롭히고 그로 인해 주변 사람들에게 슬픔과 고통을 준다. 그 감정으로 사람들은 사랑하는 조국이 겪는 모욕을 견딜 수 없어 들판을 모국과 타국의 사상자들로 뒤덮는다.

그러나 이 외에도 동물적 자아의 행복에만 인생이 있다고 인정하는 사람들에게 있어 사랑의 작용은 그 발현이 고통스러울 뿐 아니라 불가능하게 되는 어려움이 드러난다. "사랑에 대해 논하지 않을 필요가 있다"라고 인생을 이해하지 못하는 사람들은 통상 이렇게 말한다. "사람들에게 느끼는 애착, 선호의 직접적 감정에 몸을 맡기는 것, 바로 이것이 진짜 사랑이다."

사랑에 대해 논할 수 없고, 사랑에 대한 모든 논의가 사랑을 파괴한다는 그들의 말은 옳다. 그러나 문제는 인생을 이해하는 데 자신의 이성을 사용하고 개인적 삶의 행복을 포기한 사람들만이 사랑에 대해 논하지 않는 게 가능하다는 데 있다. 삶을 이해하지 못하고 동물적 자아의 행복만을 위해 존재하는 사람들은 사랑을 논하지 않을 수 없다. 그들은 그들이 사랑이라고 명하는 감정에 몸을 맡기기 위해 꼭 논해야만 한다. 그들에게 이 감정의 모든 발현은 논의 없이 불가능하고, 해결되지 않는 문제들의 해결 없이 불가능한 것이다.

실제로 사람들은 자기 아기, 친구, 아내, 아이들, 자기 조국을 다른 모든 이의 아이, 아내, 친구, 조국보다 더 사랑하고 이런 감정을 사랑이라고 부른다.

사랑한다는 것은 전반적으로 선을 행하기를 원한다는 것을 의미한다. 우리 모두 사랑을 그렇게 이해한다. 사랑을 달리 이해할 수는 없는 일이다. 우리는 그렇게 자기 아이를, 아내를, 조국을 사랑하고 자기 아이, 아내, 조국이 다른 아이, 아내, 조국보다 더 큰 행복을 누리기를 원한다. 내가 자기 아이만을, 혹은 자기 아내만을, 혹은 자기 조국만을 사랑하는 일은 있을 수 없고, 또 그런 일은 존재하지도 않는다. 모든 사람이 아이도, 아내도, 아이들도, 조국도, 사람들도 모두 사랑하는 것이다. 반면 그가 사랑함으로 여러 사랑하는 존재에게 바라는 행복의 조건들은 서로 긴밀하게 연결되어 있어서, 사랑하는 존재 중 한 명을 위해 그가 행한 사랑의 모든 행동이 다른 이를 위한 그의 활동을 방해할 뿐 아니라, 다른 사람에게 피해를 줄 수 있다.

그러면 이때 질문이 야기된다. 어떠한 사랑의 이름으로 어떻게 사랑해야 하는가? 어떠한 사랑의 이름으로 다른 사랑을 희생하고 누구를 더 사랑하고, 누구에게 더 선을 행해야 하는가? 아내인가 아니면 아이들인가, 혹은 아이들 아니면 친구들인가? 아내와 아이들, 친구들을 향한 사랑을 파괴하지 않으면서 어떻게 사랑하는 조국을 섬길 수 있을까? 결국은 다른 사람에게 봉사하기 위해 내 자아를 얼마만큼 희생할 수 있는가의 문제도 해결해야만 한다. 다른 이들을 사랑해서 그들을 섬기기 위해서 나는 얼마만큼 자신을 보살필 수 있는가? 이 모든 문제는 사랑이라고 부르는 감정에 대해 명확하게 파악할 생각이 없는 사람들에게는 매우 단순해 보이지만, 사실은 단순하지 않을 뿐 아니라 완전히 해결 불가능한 일이다.

그러므로 율법 교사들은 그리스도에게 이런 질문을 던졌다. "누가 이웃입니까?"[34] 이 질문은 인생의 진정한 조건을 잊는 사람들에게만 아주 쉬워 보인다.

만약 사람들이 우리가 상상하는 그런 신 같은 존재들이라면, 그때는 선택받은 사람들만을 사랑할 수 있고, 그때는 한 그룹을 다른 그룹보다 더 선호하는 것이 진정한 사랑이 될 수 있을 것이다. 그러나 사람들은 신이 아니고, 모든 살아 있는 존재는 직접적 의미에서도 간접적 의미에서도 서로를 잡아먹으며 다른 이들을 희생해야 살 수 있는 생존 조건 아래에서 살아가고 있다. 이성적 존재로서 사람은 이것을 알고 직시해야만 한다. 그는 모든 육

---

34 누가복음 10:29에 나오는 한 율법교사의 질문이다. 예수가 율법 교사에게 율법서에 무엇이라고 나와 있냐고 묻자, 율법 교사는 "네 마음을 다하고 네 목숨을 다하고 네 힘을 다하고 네 생각을 다하여 주님이신 네 하느님을 사랑하여라. 그리고 네 이웃을 네 몸같이 사랑하여라"고 나와 있다고 대답한다. 그리고 자신이 옳다는 것을 드러내고자 이 질문을 한다.

체적 행복이 다른 이에게 손상을 입힐 때만 획득 가능하다는 것을 알아야만 한다.

모두가 모두에게 만족하리라는 미래의 황금시대에 대한 종교적이고 학문적인 미신이 아무리 사람들을 설득한다고 해도 이성적 사람은 그의 시간적이고 공간적인 존재의 법칙은 만인 대 개인, 개인 대 개인, 개인 대 만인 간의 투쟁임을 보고 알고 있다.

삶을 이해하지 못하는 사람들이 상상하듯 세계의 삶을 구성하는 동물적 관심의 대혼잡과 투쟁 가운데서 선택받은 사람들을 사랑하는 건 불가능하다. 만약 선택받은 사람들을 사랑한다면 사람은 결코 한 사람만 사랑할 수 없다. 모든 사람이 어머니도, 아내도, 아이도, 친구들도, 조국도, 심지어 모든 사람을 사랑한다. 그리고 사랑은 말뿐 아니라 (모두가 동의하듯이) 다른 이들의 행복을 지향하는 활동이다. 이 활동은 일정한 질서 안에서 일어나므로 처음에는 가장 강한 사랑을 요구하는 사람에게 천명되고 나중에는 덜 강한 요구를 하는 사람에게 천명된다. 그런데 사랑의 요구는 아무 질서 없이 모두 한꺼번에 끊임없이 일어나는 일이다. 내가 조금밖에 사랑하지 않는 배고픈 노인이 지금 찾아와 내 사랑하는 아이들에게 저녁거리로 내어줄 음식을 요구하는 식이다. 당장 좀 덜 강한 사랑의 요구와 미래의 더 강한 사랑의 요구를 나는 어떻게 저울질해야 하는가?

바로 그 같은 질문들을 그리스도에게 제기한 사람들이 율법

교사들이었다. "누가 이웃이냐?"라는 질문이 그 대표적인 예이다. 사실 (필요할 때 다른 사람들에게 도움이 될 수 있는 상태가 되기 위해서) 어떤 사람에게 도움이 되고 또 어느 정도로 도움이 되어야 하는지의 문제를 어떻게 해결해야 하는가? 사람들인가 아니면 조국인가? 조국인가 아니면 친구들인가? 친구들인가 아니면 아내인가? 아내인가 아니면 아버지인가? 아버지인가 아니면 아이들인가? 아이들인가 아니면 자기 자신인가?

이 모두가 사랑을 요구하는데, 이 모두가 서로 얽혀서 특정한 사람의 요구를 만족시키면 다른 이들을 만족시킬 기회를 앗아 간다. 내게 부탁하는 옷이 언젠가 내 아이들에게 필요할지 모르므로 몸이 꽁꽁 얼어붙은 아이를 입히지 않는다면, 나는 앞으로 태어날 내 자식들을 위한다는 명목으로 사랑의 다른 요구들에도 헌신하지 않을 수 있다는 말이다.

조국과 선택한 직업과 모든 사람을 사랑하는 마음과의 관계에서도 정확히 같은 일이 일어난다. 만약 사람이 미래의 가장 큰 사랑의 요구를 들어준다는 명목으로 현재의 가장 작은 사랑의 요구를 거절할 수 있다면, 그가 온 힘을 다해 원한다고 할지라도 미래의 명목으로 현재의 요구를 얼마만큼 거절할 수 있는지는 결코 판단할 수 없으리라는 게 자명하지 않겠는가. 그러므로 이 문제를 해결할 능력이 없는 그로서는 그에게 유쾌함을 줄 사랑의 발현을 항상 선택할 것이다. 즉 그는 사랑을 위해서가 아니라 자기 자아를 위해 활동하게 될 것이다. 만약 어떤 사람이 미래에 더 큰 사랑을 발현하겠다는 명목으로 현재의 요구를 보류하는 게 더 낫겠다고 결정한다면, 그는 자기 자신 혹은 다른 이들을 속이는 것이고, 자기 한 사람 외에는 아무도 사랑하지 않는 것이다.

미래의 사랑이란 존재하지 않는다. 사랑은 현재의 활동일 뿐이다. 지금 사랑을 드러내지 않는 사람은 사랑이 없는 것이다.

참된 생명을 지니지 않은 사람들이 품은 삶에 대한 개념을 생각해 보면 똑같은 일이 벌어진다. 만약 사람들이 동물이고 이성을 가지지 않았다면, 동물처럼 살아가며 삶에 대해 논하지 않을 것이다. 그리고 이들의 동물적 생존도 정당하고 행복할 것이다. 사랑도 마찬가지이다. 만약 사람들이 이성이 없는 동물이라면, 그들은 자기들이 사랑하는 대상을 사랑할 것이다. 즉 자기 새끼 늑대와 기르는 가축 떼를 사랑하지만, 다른 늑대들도 자기 새끼들을 사랑하고, 다른 짐승 떼들도 떼 안에 있는 자기 친구들을 사랑한다는 것은 모를 것이다. 이들의 사랑은 그들이 처한 의식 수준에서 가능한 사랑이고 삶일 것이다.

그러나 사람들은 이성적 존재이므로, 다른 존재들이 자기 사람들에게 그런 사랑을 품고 있고, 그러므로 이 사랑의 감정들이 충돌하게 되면 뭔가 선하지 않고 사랑의 개념에 완전히 반하는 어떤 일들이 일어나리라는 것을 보지 못할 수가 없다.

만약 사람들이 이른바 사랑이라고 부르는 선하지 않은 동물적 감정에 기형적 크기를 부여하며 그 감정을 정당화하고 강화하는 데 이성을 이용한다면, 그 감정은 선하지 않은 게 될 뿐 아니라, 사람에게서 가장 악하고 끔찍한 동물을 만들어 낼 것이다. 이는 만고의 진리이다. 복음서에 기록된 일이 일어나는 것이다. "만일 네 마음의 빛이 빛이 아니라 어둠이라면 그 어둠이 얼마나 심하겠느냐?"(마태복음 6:23) 만약 사람 안에 자기 자신과 자기 아이들을 사랑하는 마음 외에 아무것도 없다면, 오늘날 사람들 가운데 존재하는 악의 99%는 존재하지 않을지도 모른다. 사람들 사이에 존재하는 악의 99%는 그들이 칭송하며 사랑이라고 부르는 감정, 동물의 삶이 사람의 삶과 닮은 만큼이나 사랑과 흡사한 그 거짓된 감정에서 비롯된 것이다.

인생을 이해하지 못하는 사람들이 사랑이라고 부르는 것은, 자기 자아가 원하는 행복의 조건 중 하나를 다른 조건보다 명백히 더 선호하는 마음에 불과하다. 인생을 이해하지 못하는 사람이 아내 혹은 아이 혹은 친구를 사랑한다고 말할 때, 그 말은 그의 삶에 아내, 아이, 친구의 존재가 그의 개인적 삶에 행복을 더해 준다는 뜻이다.

생존이 삶과 관계가 있듯이 무언가를 더 좋아하는 감정들은 사랑과 관계가 있다. 인생을 이해하지 못하는 사람들이 생존을 삶이라고 생각하듯이 이 사람들은 개인 생존의 어떤 조건을 다른 조건보다 더 좋아하는 깃을 사랑이라고 부른다.

잘 아는 대상, 예를 들면 자기 아이들 혹은 학문, 예술과 같은 작업을 더 좋아하는 이러한 감정들 역시 사랑이라고 불린다. 그러나 이 무언가를 더 좋아하는 무한하게 다양한 선호選好의 감정들은 눈에 보이고 만져지는 사람들의 동물적 삶의 모든 복잡성을 만들어 내지만, 결코 사랑이라고 불릴 수 없다. 이것들에는 사랑의 중요한 특징인 활동, 그러니까 행복을 목표로 삼고 행복이 그 결과인 활동이 보이지 않기 때문이다.

무언가를 더 선호하는 감정을 드러내는 열정은 동물적 자아의 에너지만 보여 줄 뿐이다. 어떤 사람을 다른 사람보다 더 선호하는 열정이 불명확하게 사랑이라고 불리지만, 사실 그것은 참된 사랑이 접목되어야 열매가 맺힐 수 있는 어린 야생 과실나무일 뿐이다. 어린 야생 과실나무는 사과나무가 아니므로 사과 열매를 맺지 못하거나 달콤한 열매 대신 나쁜 열매를 맺는 것처럼, 편애의 감정은 사랑이 아니므로 사람들에게 선을 가져다주지 않거나 더 큰 악을 가져다준다. 그러므로 학문, 예술, 조국을 사랑하는 마음은 말할 것도 없이 여성, 아이들, 친구들을 사랑하는 마음처럼 그렇게나 칭송되어 마지않는 감정들도 잘 알려진 동물적 삶의 어떤 조건을 다른 조건에 비교해 일시적으로 선호하는 것에 지나지 않으므로 세상에 가장 큰 해악을 가져온다.

제24장

참된 사랑은
개인의 행복을 포기한
결과물이다

참된 사랑은 동물적 자아의 행복을 포기할 때 가능하다.

사람이 자신을 위한 동물적 자아의 행복이 존재하지 않는다는 것을 깨달을 때만 참된 사랑의 가능성은 시작된다. 그제야 생명의 모든 수액이 동물적 자아의 어린나무 줄기에서 온 힘을 다해 자라난 참된 사랑의 개량된 접가지로 이동하는 것이다. 그리스도의 가르침은 예수 그리스도가 스스로 말했듯이 그 사랑의 접목接木이다. 예수 그리스도는 그, 즉 그의 사랑이 열매를 맺을 수 있는 유일한 포도나무라고 말했고, 열매를 맺지 못하는 가지는 모두 잘려 나갈 것이라고 말했다.[35]

"자기 목숨을 얻으려는 사람은 잃을 것이며 나를 위하여 자기 목숨을 잃는 사람은 얻을 것이다"(마태복음 10:39)라는 말씀을 이해할 뿐 아니라 삶으로 인식한 사람만이, 자기 목숨을 사랑하

---

[35]   요한복음 15:5~6 "나는 포도나무요 너희는 가지다. 누구든지 나에게서 떠나지 않고 내가 그와 함께 있으면 그는 많은 열매를 맺는다. 나를 떠나서는 너희가 아무것도 할 수 없다. 나를 떠난 사람은 잘려 나간 가지처럼 밖에 버려져 말라 버린다. 그러면 사람들이 이런 가지를 모아다가 불에 던져 태워 버린다."

는 자가 자기 목숨을 죽인다는 것이다. 이 세상에서 자기 목숨을 증오하는 자가 영원한 삶을 위한 생명을 부지하리라는 것을 깨닫는 자만이 참된 사랑을 인식할 것이다.

"아버지나 어머니를 나보다 더 사랑하는 사람은 내 사람이 될 자격이 없고 아들이나 딸을 나보다 더 사랑하는 사람도 내 사람이 될 자격이 없다.(마태복음 10:37) 너를 사랑하는 자를 사랑한다면, 이는 사랑이 아니니, 원수를 사랑하고 너를 미워하는 자를 사랑하라."[36]

통상 생각하듯이 아버지, 아들, 아내, 친구들, 착하고 사랑스러운 사람들을 사랑한 결과가 아니라, 자아 존재의 허망함을 인식하고 개인의 행복이 불가능하다는 것을 인식한 결과로만, 그리하여 자아의 삶을 단념한 결과로만 사람은 아버지, 아들, 아내, 아이들과 친구들을 진정으로 사랑할 수 있다.

사랑은 다른 존재들을 자기 자신, 즉 자신의 동물적 자아보다 더 좋아하는 감정이다.

늘 그렇듯이 자기 부인 위에 자라지 않은 소위 사랑을 말하는 경우, 자아가 세운 멀리 있는 목적을 성취하기 위해 가장 가까이 있는 이익을 망각하는 것은, 자신의 개인적 행복을 위해 어떤

---

[36] 마태복음 5:44의 정확한 말씀은 다음과 같다. "그러나 나는 이렇게 말한다. 원수를 사랑하고 너희를 박해하는 사람들을 위하여 기도하여라."

존재를 다른 존재보다 더 선호하는 것일 뿐이다. 적극적인 감정이 되기 전에 진정한 사랑은 진정한 상태가 되어야 한다. 사랑의 시작, 그 근원은 통상 사람들이 상상하듯이 이성을 어둡게 하는 감정의 폭발이 아니라 가장 현명하고, 그러므로 아이들과 이성적 사람에게 고유한 평온하고 기쁜 상태이다.

이 상태는 아이들에게 고유한 것이지만 다 큰 성인에게서는 단념할 때 나타나고 자아의 행복을 포기하는 정도에 따라 강해지는, 모든 사람에게 호의를 느끼는 감정 상태이다. "저는 아무 상관 없어요. 아무것도 필요하지 않아요"라는 말을 우리는 얼마나 자주 듣고, 이 말들을 들음과 동시에 혐오감으로 사람을 대하는 태도를 얼마나 많이 목격하는가. 그러나 모든 사람이 사람들에게 악의를 느끼는 순간에 단 한 번만이라도 진심으로 자신에게 "나는 아무 상관없다. 내게는 아무것도 필요하지 않다"라고 말하고 잠시라도 자신을 위해 아무것도 원하지 않기만 하면, 모든 사람이 이 단순한 내적 경험으로 자기 부인의 진실성에 따라 모든 악의가 즉각 떨어져 나가는 것과 그의 마음에 이제까지 닫혀 있던 모든 사람을 향한 호의의 감정이 파도처럼 넘실대는 것을 깨달을 수 있을 것이다.

실제로 사랑은 자기보다 다른 존재들을 더 좋아하는 것이다. 우리 모두 그렇게 사랑을 이해하고 또 달리 이해할 수 없다. 사랑의 크기는 분수의 크기인데, 분자, 즉 나의 편애, 다른 이에 대한 호감은 내게 좌우되지 않는다. 분모, 즉 자신을 사랑하는 마음은 내가 나의 동물적 자아에 부여하는 의미의 정도에 따라 나에 의해 무한대로 커질 수도 있고 작아질 수도 있다. 사랑과 사랑의 정도에 대한 우리 세계의 판단은 분모들에 대한 고려 없이 분자 하나만 보고 분수의 크기를 판단하는 것과 같다.

참된 사랑은 언제나 자아의 행복을 단념하고 거기서 발생하는, 모든 사람에게 품은 선의를 토대로 삼는다. 바로 이 보편적 선의 위에 일정한 사람, 즉 자기 사람 혹은 타인에게 품는 참된 사랑이 자라날 수 있다. 그리고 그러한 사랑만이 삶의 진정한 행복을 주고 동물적 의식과 이성적 의식 사이의 외견상의 모순을 해결해 준다.

자아의 부인과 그 결과로 모든 사람에게 품은 선의에 기초하지 않은 사랑은 동물적 삶에 지나지 않는다. 이 사랑은 이 가짜 사랑마저 없는 삶과 비슷하거나 그보다 더 큰 비참함과 우둔함에 빠진다. 사랑이라고 불리는 애착의 느낌은 존재의 투쟁을 없애지 않고 자아를 쾌락 추구에서 해방하지 않고, 죽음에서 구하지 않을 뿐 아니라 삶을 더 어둡게 만들고 투쟁을 더 격화시키며 자신과 다른 사람을 위한 탐욕을 강화하고 죽음 앞에서 자신과 다른 사람으로 인한 두려움을 확대한다.

동물적 자아의 생존에 자신의 생애를 쏟아붓는 사람은 사랑이 필경 그의 생명에 직접적으로 반대되는 활동이라는 생각이

들어서 사랑할 수 없다. 그러한 사람의 삶은 동물적 생존의 행복에만 매달리는데, 사랑은 무엇보다도 먼저 이 행복의 희생을 요구한다. 삶을 이해하지 못하는 사람은 아무리 사랑의 활동에 진정으로 헌신하고 싶어도 삶을 이해하지 못하고, 삶에 대한 자신의 모든 태도를 변화시키지 않는 이상 사랑할 수 있는 상태가 되지 못할 것이다. 동물적 자아의 행복에 자신의 생애를 쏟아붓는 사람은 평생 부를 획득하고 보존하며 동물적 행복을 얻을 수단을 확대하고, 다른 이로 하여금 그의 동물적 행복에 일조하도록 강요하고, 그 개인의 행복을 위해 더 필요했던 사람들에게 그 행복들을 나눠 준다. 그의 삶이 그 자신이 아니라, 다른 사람들에 의해 지탱될 때 그가 어떻게 자신의 삶을 내줄 수 있겠는가? 그가 더 좋아하는 사람 중 누구에게 자기가 축적한 복을 전해 줄지, 누구를 섬길지를 선택하는 건 그에게 더 어려운 일이다.

자신의 인생을 헌신하는 상태가 되기 위해서는 자기 인생의 행복을 위해 다른 사람에게서 빼앗은 여분을 먼저 내주고 그 후 불가능한 일을 또 하나 더 해야 한다. 그러니까 사람 중 누구를 자기 인생으로 섬길지를 결정해야 하는 것이다. 사랑하는 상태, 즉 자신을 희생해서 선을 행하는 상태가 되기 위해서는 증오하기를 멈추고, 그러니까 악을 행하기를 멈추고, 자기 자아의 행복을 위해 어떤 부류의 사람을 다른 부류보다 더 좋아하는 마음을 멈춰야만 한다.

개인적 삶의 행복을 인정하지 않고, 거짓된 행복을 염려하지 않는 사람만이, 그리고 이를 통해 모든 사람에게 품는 선의를 자기 안에 풀어낸 사람만이 그와 다른 사람들을 만족시키는 사랑의 활동을 항상 할 수 있는 것이다. 식물의 행복이 빛에 있듯이 그런 사람의 행복은 사랑에 있다. 그러므로 아무것으로도 덮이지 않은 식물은 어떤 쪽으로 자라야 할지, 빛이 좋은지 아닌지, 다른 더 좋은 빛을 기다려야 할지 말지를 물을 수 없고 또 묻지도 않으며 세상에 있는 유일한 빛을 받아들여 그것을 향해 몸을 뻗어 간다. 그처럼 자아의 행복을 단념한 사람은 다른 사람에게서 빼앗은 것 중에서 사랑하는 어떤 존재에게 무엇을 내줘야 할지, 요구해 오는 저 사랑보다 어떤 사랑이 더 나은지를 판단하지 않고 그에게 가능하고 그의 앞에 있는 사랑에 자신과 자기 존재를 내준다. 그러한 사랑만이 사람의 이성적 본성에 완전한 만족을 가져다준다.

제25장

사랑은 참된 삶의
유일하고 온전한 활동이다

친구를 위해 자기 목숨을 버리는 외에 다른 사랑은 없다.[37] 사랑은 자신을 희생할 때만 사랑이다. 사람은 다른 사람에게 자기 시간과 힘을 내어줄 뿐 아니라, 사랑하는 대상을 위해 자기 몸을 사용할 때만 우리 모두 그것을 사랑이라고 인정하고 그 사랑 안에서 행복, 그러니까 사랑의 보답을 발견한다. 사람들 안에 그러한 사랑이 있다는 것에 의해서만 세상은 가치가 있다. 아기를 키우는 어머니는 아이들에게 양식으로 자기와 자기 몸을 내준다. 그 젖이 없으면 아이는 생존할 수 없기 때문이다. 이것이 사랑이다. 다른 사람의 음식을 위해 자신, 즉 자기 몸을 내주는 것과 마찬가지로 모든 근로자가 다른 이들의 행복을 위해 작업을 하며 자기 몸을 소진하여 죽음에 가까이 가도록 만든다. 자기가 희생될 가능성과 사랑하는 존재들 사이에 희생의 그 어떠한 장벽도 세우지 않는 사람만이 그러한 사랑을 할 수 있다. 유모에게 자기 아기를 내주는 어머니는 아기를 사랑할 수 없다. 자기 돈을

---

37   요한복음 15:13 "벗을 위하여 제 목숨을 바치는 것보다 더 큰 사랑은 없다."

손에 넣고 간직하는 사람은 사랑할 수 없다.

"자기가 빛 속에서 산다고 말하면서 자기의 형제를 미워하는 자는 아직도 어둠 속에서 살고 있는 자입니다. 자기의 형제를 사랑하는 사람은 빛 속에서 살고 있는 사람이며 그는 남을 죄짓게 하는 일이 없습니다. 그러나 자기 형제를 미워하는 자는 어둠 속에 있으며 어둠 속에서 살아가기 때문에 그 눈이 어둠에 가려져서 자기가 어디로 가는지 알지 못합니다.[38] 그리스도께서는 우리를 위해서 당신의 목숨을 내놓으셨습니다. 이것으로 우리가 사랑이 무엇인지를 알게 되었습니다. 그러므로 우리도 형제들을 위해서 우리의 목숨을 내놓아야 합니다. 누구든지 세상의 재물을 가지고 있으면서 자기의 형제가 궁핍한 것을 보고도 마음의 문을 닫고 그를 동정하지 않는다면 어떻게 그에게 하느님을 사랑하는 마음이 있다고 하겠습니까? 사랑하는 자녀들이여, 우리는 말로나 혀끝으로 사랑하지 말고 행동으로 진실하게 사랑합시다."[39]

이러한 사랑만이 사람들에게 참된 생명을 준다.

"'네 마음을 다하고 목숨을 다하고 뜻을 다하여 주님이신 너희 하느님을 사랑하여라.' 이것이 가장 크고 첫째가는 계명이고, '네 이웃을 네 몸같이 사랑하여라'라고 한 둘째 계명도 이에 못지

---

[38]   요한일서 2:9~11
[39]   요한일서 3:16~18

않게 중요하다."[40] 율법 교사가 그리스도에게 말했다. 이에 예수께서 말씀하셨다. "옳은 대답이다. 그대로 실천하여라. 그러면 살 수 있다."[41]

참된 사랑은 생명 자체이다. "우리는 우리의 형제들을 사랑하기 때문에 이미 죽음을 벗어나서 생명의 나라에 들어와 있는 것이 분명합니다"라고 그리스도의 제자가 말한다. "사랑하지 않는 사람은 죽음 속에 그대로 머물러 있는 것입니다."[42] 사랑하는 자만이 살아 있는 자이다.

그리스도의 가르침에 따르면 사랑은 생명 자체이다. 그러나 비이성적이고 고통스럽고 파멸적인 것은 생명이 아니다. 생명은 복스럽고 영원한 것이다. 우리 모두 이것을 안다. 사랑은 이성의 결론이 아니고, 일정한 활동의 결과가 아니다. 사랑은 우리를 사면에서 둘러싸고 있고, 유년기의 가장 최초의 기억 때부터 거짓된 세상의 가르침이 우리의 영혼에서 생명을 오염시켜 그것을 경험할 가능성을 우리에게서 앗아 가기 전까지 우리 모두 자기 안에서 알고 있는 생명의 기쁜 활동 그 자체이다.

사랑은 선택한 사람 혹은 대상에게 품는 사랑처럼 사람 자아의 일시적인 행복을 확대하고자 하는 애착이 아니라, 동물적

---

[40] 마태복음 22:37~39
[41] 누가복음 10:28
[42] 요한일서 3:14

자아를 포기한 후에도 사람 안에 남아 있는 사람 외부의 선을 바라는 갈망이다.

살아 있는 사람 중에서 이 행복한 감정, 단 한 번이라도 경험했을 이 감정을 모르는 사람이 누가 있겠는가. 아직 우리 안에 있는 생명을 죽이는 온갖 거짓으로 영혼이 억눌리지 않은 가장 어린 시절에만 무엇보다 자주 경험했을 그 감정을, 모든 사람, 즉 지인들도, 아버지도, 엄마도, 형제들도, 악한 사람들도, 원수들도, 개도, 말도, 풀들도 사랑하고 싶은 감동의 행복한 그 감정을, 모든 이가 좋고, 모두가 행복한 것 하나만을 바라고, 더 나아가 자기가 모든 이에게 좋은 일을 더 하고 싶고, 언제나 모든 사람이 좋고 기쁘도록 자신과 자신의 전 생애를 바치고 싶은 감격의 행복한 그 감정을. 그런 감정은 존재하고, 그 감정 중 하나가 사랑인데, 그 속에 인간의 생명이 있다.

인간의 영혼 속에 홀로 생명이 있는 이 사랑은 우리가 사랑이라고 부르는 여러 인간의 정욕인 사랑과 유사한 거친 잡초의 새싹 가운데서 눈에 약간 띄는 부드러운 새싹처럼 나타난다. 처음에 보기에는 그 새싹, 즉 새들이 깃들 나무로 틀림없이 자라나게 될 새싹과 다른 모든 새싹이 똑같아 보인다. 심지어 사람들은 초반에 더 빠르게 자라나는 잡초의 새싹을 더 좋아한다. 유일한 생명의 새싹은 시들어 죽어 간다. 그러나 더 자주 일어나는 최악의 상황은 사람들이 이들 새싹 안에 사랑이라 불리는 유일하게 진짜인 풍성한 생명의 새싹이 있다는 소리를 듣고 진짜 새싹을 짓밟고 그 대신 다른 잡초 새싹을 사랑이라고 부르며 키우기 시작하는 것이다.

그러나 이보다 더 최악은, 사람들이 거친 손으로 진짜 새싹을 잡아 쥐고 외치는 것이다. "바로 이것이다. 우리가 찾았다. 이제 우리가 이것을 아니 이것을 키우자. 사랑! 사랑! 최고의 감정, 바로 이것이다!" 그리고 사람들은 그 새싹을 다른 데로 옮겨 심기 시작한다. 그리고 그것을 개량하고 쥐어짜서 짓뭉개는 바람에 새싹은 꽃도 피우지 못하고 죽고 만다. 그러면 그 일을 행한 사람들 혹은 다른 사람들이 말한다. 이 모든 게 엉터리 허튼소리이고 감상적 언행에 불과하다고.

처음 싹이 텄을 때 여려서 다른 사람의 손길을 견뎌 내지 못하는 사랑의 새싹은 자라났을 때에야 강력해진다. 사람들이 그에게 행하게 될 전부가 그에게는 더 나쁠 뿐이다. 그에게 필요한 것은 단 하나뿐이다. 그를 유일하게 자라나게 할 이성의 태양을 그 무엇으로도 그에게서 가리지 않는 것이다.

제26장

생존 방식의 개선이라는
불가능한 일에 매달리는
사람들의 노력은
단 하나의 참된 삶의 가능성을
빼앗을 뿐이다

동물적 존재의 환상성과 기만성을 인식하고 자기 안에서 사랑이라는 단 하나의 참된 삶을 해방하는 것만이 사람에게 행복을 가져다준다. 이 행복을 얻기 위해 사람들은 어떠한 일을 하는가. 점차적인 개인의 소멸과 개인이 피할 수 없는 죽음에 서서히 다가가는 것이 인간 존재의 모습인데, 이것을 모를 리 없는 사람들은 존재하는 동안 계속해서 온갖 노력을 기울여 죽어 가는 자아를 긍정하고 자아의 정욕을 만족시키고 그럼으로써 삶의 유일한 행복의 가능성인 사랑을 자기 자신에게서 빼앗는 것에만 몰두한다.

삶을 이해하지 못하는 사람들은 그들이 생존하는 동안 생존 투쟁, 쾌락의 획득, 자신을 고통에서 구해 내고 피할 수 없는 죽음을 자신에게서 멀어지게 하는 활동에만 집중한다.

그러나 쾌락의 증대는 투쟁의 강도를 높이고 고통에 더욱 민감하게 만들며 죽음이 다가오게 만든다. 죽음이 가깝다는 것을 자신에게 숨기는 수단은 단 하나밖에 없다. 쾌락을 더 증대하는 것이다. 그러나 쾌락이 극한에 이르면 더 증대되지 못하고 고통으로 전환된다. 그리고 고통에 민감해지는 일 하나만 남게 되고 한결같은 고통 가운데 점점 다가오는 죽음에 대한 공포만 느끼게 된다. 그리하여 거짓된 악순환이 생겨 버린다. 하나는 다른 하나의 원인이고 그 하나가 다른 하나를 강화하는 것이다. 삶을 이해하지 못하는 사람들의 삶이 끔찍한 이유는 그들에 의해 쾌락으로 여겨지는 것(풍요한 삶의 모든 쾌락)이 모든 사람 사이에 공평하게 배분될 수 없으므로 그것을 다른 이들에게서 빼앗아야 하기 때문이다. 그것은 폭력과 악으로 획득되어야 하는데, 폭력과 악은 사랑이 자라날 수 있는 선의의 가능성을 파괴해 버린다. 그러므로 쾌락은 언제나 사랑에 직접적으로 대립하는 것이고, 쾌락이 강해지면 강해질수록 그 대립은 더 강해진다. 그러므로 쾌락을 얻기 위한 활동이 더욱 강해지고 격렬해질수록 인간에게 유일한 행복인 사랑은 더 불가능하게 된다.

　삶은 이성적 의식이 의식하는 것처럼 우리의 동물적 존재가 매 순간 보이지 않게 이성의 법칙에 확실하게 복종해야 하는 모습으로 이해되지 않는다. 사실 그 복종은 사람에게 고유한, 모든 이를 선하게 대하는 마음을 풀어놓아 거기서 사랑의 활동을 흘러나오게 할 것이다. 그러나 삶은 우리가 마련한 일정한 조건에서 일정한 시간이 흐르는 동안 존재하는 육체적 생존으로만 이해되므로, 그것이 모든 이를 선하게 대할 마음의 가능성을 배제해 버린다.

    세상의 가르침은 일정한 생존 조건의 조성에 이성을 집중하는데, 그 가르침에 빠진 사람들이 보기에 행복의 증대는 우리가 삶을 외적으로 더 낫게 조성할 때 나오는 것 같다. 이들의 존재를 외적으로 더 훌륭하게 조성하는 것은 사랑에 직접적으로 대립하는 거대한 폭력에 의지하는 것이다. 그러므로 이들이 더 훌륭하게 조성되면 될수록 이들에게는 사랑의 가능성, 즉 삶의 가능성이 더 작게 남게 된다.

    동물적 존재의 행복이 모든 사람에게 0과 같다는 것을 이해하는 것에 자신의 이성을 이용하지 않는 사람들은 이 0을 감소할 수 있고 증가할 수 있는 값으로 인정하고 0의 이 가짜 덧셈과 곱셈에 아무런 첨가 없이 그들에게 남아 있는 이성을 쏟아붓는다.

    아무것도 아닌 0에 온갖 것을 아무리 곱해도 결국 0만 남는다는 것을 이해하지 못하듯 사람들은 동물적 자아의 존재가 그와 마찬가지로 비참하고 그 어떠한 외적 조건으로도 행복해질 수 없다는 것을 깨닫지 못한다. 사람들은 육체적 존재로서 그 어떤 존재도 다른 존재보다 더 행복할 수 없음을 알려고 하지 않는다. 그것은 호수 표면의 물이 호수 전체의 수위 이상으로 높아질 수 없는 것과 같은 이치이다. 자신의 이성을 왜곡하는 사람들은 이를 보지 못하고 이 불가능한 일에 자신의 왜곡된 이성을 사용한다. 호수 표면의 여러 장소에서 물의 수위를 올리려는 불가능한 일, 즉 호수에서 미역을 감는 아이들이 하는 맥주 만들기라고 부르는 장난질과 비슷한 일에 자신의 전 존재를 바치는 것이다.

그들이 보기에 사람들의 생존은 조금 더 잘 살거나, 덜 잘 사는 것, 즉 조금 더 행복하거나, 조금 덜 행복한 것처럼 여겨진다. 그들은 가난한 노동자 혹은 아픈 사람의 생존은 나쁘고 불행하며, 부자 혹은 건강한 사람의 생존은 좋고 훌륭하고 행복하다고 말한다. 그리고 그들은 나쁘고 행복하지 않고 가난하고 병적인 생존을 피하고, 행복하고 훌륭하고 부유하고 건강하고 행복한 생존을 가꾸는 데 자기가 가진 이성의 모든 힘을 모은다.

가장 행복한 삶이라고 하는 다채로운 삶을 조성하고 유지하는 방법은 세대에 걸쳐 강구되었고, 그들이 상상하는 가장 훌륭한 삶의 강령들(그들은 자신의 동물적 생존을 이렇게 부른다)이 유산으로 다음 세대에 전수되고 있다. 어떤 사람들은 다른 사람들 앞에서 가능한 한 부모가 조성한 것에서 물려받은 행복한 삶을 유지하거나, 자기 스스로 새롭고 더 행복한 삶을 만들어 나가려고 노력한다. 사람들은 자기들이 전해 받은 생존의 조건을 유지하거나 자기들 개념에 따라 새롭고 더 행복한 삶을 자신을 위해 조성해 가며 뭔가를 하는 것 같다고 느낀다.

이 기만을 서로 지탱해 주며 사람들은 그들 자신이 보기에도 무의미함이 분명한 이 미친 듯한 헛수고에 삶이 있다고 아주 진지하게 자주 확신한다. 이들은 진리의 가르침에서도, 살아 있는 사람들의 삶의 예에서도, 이성과 사랑의 목소리가 절대로 잠잠해

지지 않는 자신의 황폐한 마음에서도 끊임없이 들리는 참된 삶을 살라는 호소에 경멸감을 품고 등을 돌린다.

그리하여 놀라운 일이 벌어진다. 사람들, 이성적이고 사랑이 가득한 삶의 가능성을 지닌 엄청난 수의 사람들이 불타는 집에서 끌어내지는 숫양의 처지에 놓이게 된다. 숫양들은 사람들이 그들을 불에 던지려 한다고 상상하고는 그들을 구원하고자 하는 사람들과 싸우는 데 온 힘을 다 쓰는 것이다.

사람들은 죽음과 고통 앞에서의 두려움 때문에 자신을 괴롭히며 유일하게 가능한 행복과 삶을 자신에게서 빼앗고 있다.

제27장

죽음의 공포는
해결되지 못한
삶의 모순에 대한 의식일 뿐이다

"죽음은 없다"고 진리의 목소리는 사람들에게 말한다. 예수께서 "나는 부활이요 생명이니 나를 믿는 사람은 죽더라도 살겠고 또 살아서 믿는 사람은 영원히 죽지 않을 것이다. 너는 이것을 믿느냐?"라고 물으셨다.[43]

"죽음이 없다"고 세상의 모든 위대한 스승들이 말해 왔고, 지금도 말하고 있고, 삶의 의미를 이해한 수백만의 사람들이 자기 삶으로 이를 증명하고 있다. 그리고 살아 있는 각 사람도 의식이 맑아지는 순간에 자신의 영혼 안에서 똑같은 것을 느낀다. 그러나 삶을 이해하지 못하는 사람들은 죽음을 두려워하지 않을 수 없다. 그들은 죽음을 보고 죽음을 믿는다.

"어떻게 죽음이 없다는 말인가?" 이 사람들은 분노와 악의를 품고 외친다. "이건 궤변이다! 우리 앞에 죽음이 있다. 죽음이 수백만을 꺾었고, 우리를 꺾을 것이다. 죽음이 없다고 아무리 말해도, 죽음은 여전히 남을 것이다. 바로 이것이 죽음이다!" 그리고

---

[43]   요한복음 11:25~26

그들은 정신적으로 병든 사람이 그를 두렵게 만드는 환영을 보듯이 그들이 말하는 죽음을 본다. 정신적으로 병든 사람은 이 환영을 만질 수 없고, 절대로 그것과 접촉할 수 없다. 그는 이 환영의 의도를 전혀 모르지만, 너무 무섭고, 이 상상의 환영으로 인해 두려워 살 가망을 잃어버린다. 죽음에도 같은 일이 일어나는 것이다. 사람은 자기 죽음을 모르고 또 그걸 결코 인식할 수 없다. 죽음이 사람을 건드리지 않는 한, 사람은 죽음의 의도를 전혀 모른다. 그런데 그는 무엇을 두려워하는 걸까?

"죽음은 아직 나를 붙잡지 않았지만, 언젠가는 나를 붙잡을 것이고, 나는 죽음이 나를 붙잡아 파괴하리라는 것을 알고 있다. 이건 끔찍한 일이다"라고 삶을 이해하지 못하는 사람들은 말한다.

삶에 대한 거짓된 개념을 가진 사람들이 조용히 판단할 수 있기만 하다면, 그리고 그들이 삶에 대해 가진 개념의 기초를 정확하게 생각할 수 있기만 하다면, 내가 보기에 모든 존재 안에서 끊임없이 일어나고 내가 죽음이라고 부르는 변화가 나의 육체적 존재 안에서 일어나게 되리라는 것에 불쾌하고 무서울 점이라고는 전혀 없다는 결론에 도달하지 않을 수 없다.

나는 죽을 것이다. 여기서 두려울 게 무엇이 있겠는가? 예전에도 나의 육체적 존재 안에 얼마나 다양한 변화가 일어났고 또 지금도 일어나고 있는데, 내가 그 변화를 두려워한 적이 한 번이라도 있었던가. 아직 오지도 않았고 내 이성과 경험에 반하는 것이라고는 전혀 없을 뿐 아니라, 내게 아주 잘 이해되고 친숙하고 자연스러운 그 변화를 왜 두려워해야 하는가. 나는 내 인생이 진행되는 동안 동물의 죽음도, 사람의 죽음도 필연적인 일이고, 유쾌한 삶의 조건이라고 끊임없이 자주 상상해 왔고, 또 상상하지 않았던가. 두려울 게 뭐란 말인가.

삶에 대한 두 개의 엄격하게 논리적 관점이 있다. 하나는 거짓된 관점에서 삶을 태어나서 죽을 때까지 일어나는 눈에 보이는 현상으로 이해하는 것이다. 다른 하나는 참된 관점에서 삶을 내가 자기 안에 품고 다니는 보이지 않는 생명에 대한 의식으로 이해하는 것이다. 한 관점은 거짓된 것이고, 다른 하나는 참된 것이지만, 둘 다 논리적이므로 사람들은 이 관점 혹은 저 관점을 가질 수 있다. 그러나 두 경우 모두 죽음의 공포는 불가능하다.

첫 번째 관점은 태어나서 죽을 때까지 육체 안에 보이는 현상으로서 삶을 이해하는 거짓된 관점인데, 이는 이 세계처럼 아주 오래된 것이다. 이것은 많은 사람이 생각하듯이 우리 시대의 유물론적 과학과 철학이 개발한 세계관이 아니다. 우리 시대의 과학과 철학은 이 관점을 이전보다 훨씬 더 분명하게 극도에 이르게 했고, 그래서 이 관점은 인간 본성의 기본적인 요구에 상응하지 않게 되었다. 그러나 이것은 발전의 가장 낮은 단계에 서 있는 사람들이 품은 가장 오래된 원시적인 관점이기도 하다. 이는 중국인에게도, 불교도에게도, 유대인에게도, 욥의 책에도, "너는 흙이니, 흙으로 돌아갈지라"는 말에도 표현되어 있다.

이 관점은 현재 다음과 같이 표현된다. 생명은 공간과 시간에 드러나는 물질적 힘의 우연한 장난의 결과이다. 우리가 자신의 의식이라고 부르는 것은 생명이 아니라, 그 의식 안에 생명이 있는 것처럼 느끼는 감각의 작은 기만이다. 이 불꽃은 피어올라 타올랐다가 다시 약해지고 종국에는 꺼진다. 이 불꽃, 즉 두 개의 시간적인 무한대 사이에서 일정하게 지속되는 시간 속의 물질에 의해 경험되는 의식은 아무것도 아니다. 의식이 자기 자신과 무한한 세계 전체를 보고 자기 자신과 무한한 세계 전체를 판단하고 이 세계가 드러내는 우연성의 모든 장난질을 봄에도 불구하고, 그리고 '중요한 건', 뭔가 우연적이지 않은 것과는 대립하는 것으로 이 장난질을 우연이라고 부름에도 이 의식은 그 자체로 그저 죽은 물질의 산물, 즉 아무런 잔재도 남기지 않고 의미도 전혀 없이 나타났다가 사라지는 환영에 불과하다는 것이다. 모든 건 무한히 변화하는 물질의 산물이고, 삶이라고 부르는 건 죽은 물질의 일정한 상태에 지나지 않는다.

이것이 생명을 바라보는 하나의 관점이다. 이 관점은 완전히 논리적이다. 이 관점에 따르자면 사람의 이성적 의식은 물질의 일정한 상태를 동반하는 우연성에 불과하다. 그러므로 우리가 자신의 의식에서 생명이라고 부르는 것은 환영이다. 존재하는 것은 오직 죽은 것들뿐이다. 우리가 생명이라고 부르는 건 죽음의 장난질이다. 생명을 이렇게 바라보는 관점에서는 죽음이 두려운 것이어서는 안 될 뿐 아니라, 불교도와 새로운 염세주의자들인 쇼펜하우어와 하르트만에게서처럼 삶이 뭔가 부자연스럽고 비이성적 것으로서 두려운 것이어야 한다.

생명을 바라보는 또 다른 관점은 다음과 같다. 생명은 내가 자신의 내부에서 의식하는 것에 불과하다. 나는 언제나 자신의 생명을 과거 혹은 미래의 '나'가 아니라 (내가 자신의 삶을 판단하듯이) 나 자체, 즉 어느 곳에서도 절대로 시작되지 않고 또 끝나지 않는 나 자체로 내 생명을 의식한다. 시간과 공간의 개념은 내 생명 의식과 결부될 수 없다. 내 삶은 시간과 공간 안에서 모습을 드러내지만, 이것은 내 생명의 발현에 불과하다. 나에 의해 의식되는 생명 자체는 나에 의해 시간과 공간 밖에서 의식된다. 그러므로 이런 관점에서는 모든 게 거꾸로이다. 환영은 의식이 아니라 모든 시간적이고 공간적인 모습이다. 그러므로 이런 관점에서는 육체적 생존의 시간적·공간적 중단은 완전히 비현실적인 것이다. 그러므로 그것이 내 참된 삶을 중단할 수 없을 뿐 아니라 파괴할 수도 없다. 이런 관점에서는 죽음도 존재하지 않는다.

사람들이 생명을 바라보는 두 관점을 강하게 지지한다면, 이 두 관점에서 죽음의 공포는 존재할 수 없다. 동물적 존재로서도, 이성적 존재로서도, 사람은 죽음을 두려워할 수 없다. 생명 의식을 지니지 못한 동물적 존재는 죽음을 보지 못하고, 생명 의식을 지닌 이성적 존재는 동물적 죽음에서 자연스럽고 절대로 멈추지 않는 물질의 움직임 외에 다른 것을 볼 수 없다. 만약 사람이 두려워한다면, 그가 두려워하는 것은 자기가 모르는 죽음이 아니라, 동물적이기도 하고 이성적이기도 한 존재가 유일하게 알고 있는 생명이다. 사람들 안에 죽음의 공포로 표현되는 감정은 생명의 내적 모순의 의식일 뿐이다. 그건 마치 유령의 공포가 병적인 정신상태의 의식에 지나지 않는 것과 마찬가지이다.

"나는 존재하기를 멈출 것이다. 즉 죽을 것이고, 내가 자기 삶이라고 상정한 모든 게 죽을 것이다"라고 한 목소리가 사람에게 말한다. "나는 존재한다"라고 다른 목소리가 말한다. "그러므로 나는 죽을 수 없고, 죽어서도 안 된다. 나는 죽어서는 안 되는데 죽어 가고 있다." 육체적 죽음에 대해 생각할 때 사람을 사로잡는 두려움의 원인은 죽음이 아니라, 이 모순 안에 있다. 죽음의 두려움은 사람이 자신의 동물적 존재의 중단을 두려워해서가 아니라, 죽을 수 없고 죽어서도 안 되는 게 죽는다는 생각이 들어서 생긴다. 미래에 다가올 죽음을 생각하는 것은 현재 진행되는 죽음을 미래로 옮겨 놓는 것에 불과하다. 도래할 미래의 육체적 죽음의 망령은 죽음에 대한 생각이 아니라, 그와는 반대로 사람이 가져야 하지만 가지지 못한 생명을 생각하는 마음의 각성이다. 이것은 무덤, 지하에서 살아 깨어난 사람이 느껴야만 하는 것과 비슷한 감정이다. 생명이 있지만, 나는 죽음 속에 있는 것, 바로 그것이 죽음이다! 존재하고 있고 존재해야만 하는 것이 파괴되고 있다는 생각이 드는 것이다. 그리고 인간의 이성은 명해지며 공포를 느낀다. 죽음의 공포가 죽음의 공포가 아니라 거짓된 삶의 공포라는 가장 훌륭한 증거는 사람들이 자주 죽음의 공포로 인해 자신을 죽인다는 데서 드러난다.

사람들이 육체적 죽음에 대해 생각하기를 두려워하는 이유는 죽음과 함께 그들의 생명이 끝나지 않을까 봐 두려워해서가 아니라, 육체적 죽음이 명백히 그들에게 그들이 지니지 못한 참된 삶의 필요성을 보여 주기 때문이다. 삶을 이해하지 못하는 사람들은 바로 이 때문에 죽음에 대해 상기하는 것을 좋아하지 않는다. 죽음을 상기하는 것은, 그들에게 이성적 의식이 요구하는 대로 그들이 살고 있지 않음을 인정하는 것과 다름없다.

죽음을 두려워하는 사람들은 죽음이 그들에게 공허와 암흑으로 생각되기에 두려워한다. 그러나 그들은 생명을 보지 못하므로 공허와 암흑을 보는 것이다.

제28장

육체적 죽음은
공간에 한정된 육체와
시간에 한정된 의식을 파괴하지만,
삶의 기초를 이루는
'세계와 각 존재 간의 특별한 관계'를
파괴할 수 없다

그러나 생명을 알지 못하는 사람들도 그들을 두렵게 하는 망령에 가까이 다가가 그것을 만져 볼 때, 그들에게도 망령은 망령일 뿐 현실이 아니라는 것을 알게 될 것이다.

육체적 죽음을 마주했을 때, 그들의 삶을 구성한다고 느끼는 그들 고유의 '나'의 상실이 두렵기에 죽음의 공포는 늘 발생한다. 나는 죽을 것이고, 육체는 썩을 것이며, 나의 고유한 '나'는 사라질 것이다. '나'라는 것은 나의 육체 속에서 수년간 살아왔던 바로 나의 속성이다.

사람들은 자신의 이 '나'를 소중하게 여긴다. 이들은 이 '나'가 그들의 육체적 생명과 일치한다고 상정하며 이것이 그들의 육체적 생명의 소멸과 함께 반드시 사라진다는 결론을 내린다.

이 결론은 가장 흔한 것이라서 이것을 의심할 마음이 드는 사람은 드물다. 그렇지만 이런 결론은 완전히 자의적이다. 사람들, 즉 자신을 유물론자로 여기는 사람들이나 자신을 유심론자로 여기는 사람들도 그들의 '나'가 수년간 살아왔던 육체에 대한 그들의 의식이라는 개념에 아주 익숙해져서 이런 주장의 정당성을 확인해 볼 생각이 미처 들지 않는다.

나는 59년을 살았고, 그동안 내내 자기의 몸 안에 있는 자신을 의식했다. 바로 그 의식이 내게는 자연스럽게 내 삶이었던 것 같다. 그러나 이건 내게 그렇게 여겨지는 것일 뿐이다. 나는 59년도, 5만 9천년도, 59초도 살지 않았다. 내 육체도, 내 육체가 존재한 시간도 전혀 '나'의 삶을 규정하지 않는다. 만약 내가 매 순간 자신의 의식 속에서 스스로 '나라는 존재는 무엇인가?'라고 묻는다면 나는 대답할 것이다. 생각하고 느끼는 것, 즉 완전히 특별한 방식으로 세계를 대하는 모습에 지나지 않는다고. 나는 단지 이 것만을 자신의 '나'라고 의식하지, 다른 것은 그렇게 느끼지 않는다고. 그러나 나는 언제 어디서 내가 태어났고, 언제 어디서 내가 지금 생각하고 느끼는 것처럼 이렇게 느끼고 생각하기 시작했는지 결정적으로 아무것도 의식하지 못하고 있다.

나의 의식은 다만 내게 이렇게 말할 뿐이다. '나는 존재한다'라고. 나는 현재 처해 있는 세계를 대하는 나만의 태도를 지닌 존재이다. 나의 탄생에 대해, 유년 시절에 대해, 청소년기의 많은 기간에 대해, 중년에 대해, 아주 오래전이 아닌 시간에 대해 나는 자주 아무것도 기억하지 못한다. 만약 내가 뭔가를 기억하거나, 사람들이 내게 과거에서 뭔가를 상기시킨다면, 그건 다른 이들에 대해 내게 이야기하는 것과 거의 비슷한 방식으로 그것을 기억하고 떠올리는 것이다. 그런데 어떤 근거에서 내가 존재하는 모든 기간에 내가 계속해서 하나인 '나'였다고 나는 주장하는 걸까? 하나인 내 존재는 절대로 없었고 지금도 없다. 나의 육체 전체는 뭔가 보이지 않는 비물질적인 것을 통과해 끊임없이 흘러가는 물질이었고, 지금도 그러한 물질이다. 그 물질을 통해 흘러가는 육체를 자기 육체로 인정하는 것이다. 나의 육체는 전부 열 번 변화했고 옛것은 아무것도 남지 않았다. 근육도, 내부 장기도, 뼈도, 뇌도 모두 변했다.

내 몸이 하나인 것은 계속 변화하는 모든 몸을 하나의 자기 몸으로 인정하는 비물질적인 것이 있기 때문이다. 이 비물질적인 무언가를 우리는 의식이라고 부른다. 이것 하나만이 몸 전체를 유지하고 그것을 하나의 자기 육체로 인식한다. 나머지 모든 이와 별개인 존재로서 자신을 의식하지 않고서는 자신과 다른 모든 삶에 대해 나는 전혀 알 수 없다. 그러므로 처음 판단했을 때 전체의 근간인 의식은 항구적이어야만 하는 것처럼 여겨진다.

그러나 이것도 옳은 말은 아니다. 의식도 항구적이지 않기 때문이다. 살아온 내내, 그리고 지금도 꿈이라는 현상이 반복되고 있다. 우리는 모두 매일 꿈을 꾸기 때문에 우리에게 꿈은 매우 단순해 보인다. 그러나 꿈을 꾸는 동안 의식이 가끔 완전히 멈춘다는 것을 인정한다면, 꿈이란 결정적으로 설명할 수 없는 현상이다.

매일 완전한 잠에 빠져드는 시간에 의식은 완전히 끊어졌다가 나중에 다시 살아난다. 반면, 이 의식은 전신을 유지하고 그 몸을 자기 것으로 인정하게 해 주는 유일한 근거이다. 의식이 중단되면 육체도 무너지고 자신의 개별성을 상실하게 될 것 같지만, 자연스럽게 꾸는 꿈에서도, 인위적으로 꾸는 꿈에서도 그러한 일은 일어나지 않는다.

그러나 그뿐만이 아니다. 육체 전체를 유지해 주는 의식은 주기적으로 중단되지만, 육체는 붕괴하지 않는다. 그 외에도 이 의식은 육체처럼 똑같이 변화된다. 십 년 전 내 몸의 물질과 지금 내 몸의 물질 안에 공통점이 없듯이, 즉 내 육체도 하나가 아니듯이 내 의식도 하나가 아니다. 세 살짜리 아이의 의식과 지금의 의식은 지금 내 몸의 물질과 삼십 년 전의 물질이 다르듯이 다르다. 의식은 하나가 아니고 무한대로 분할될 수 있는 일련의 연속적 의식들이다.

그러므로 몸 전체를 함께 지탱하고 자기 몸으로 인정하는 의식은 하나가 아니라, 중단되고 변화하는 무언가이다. 하나의 육체가 없듯이 사람 안에는 우리가 보통 상상하는 의식, 즉 자기 자신에 대한 하나의 의식이 존재하지 않는다. 사람 안에는 이도 저도, 즉 이 몸을 다른 모든 이로부터 구분하는 단 하나의 육체도 존재하지 않는다. 또한 한 사람에게 평생토록 항시적인 하나의 의식도 존재하지 않는다. 그러나 다만 서로 뭔가로 연결된 일련의 의식만이 존재한다. 그러므로 사람은 그래도 어쨌든 자기 자신을 자기라고 느끼는 것이다.

우리의 몸은 하나가 아니고, 이 변화무쌍한 몸을 하나의 우리 것으로 인정하는 것은 시간 안에서 일관되지 않은 의식이 아니라, 일련의 변화무쌍한 의식일 뿐이다. 우리는 이미 수도 없이 여러 번 자기 몸과 의식을 상실한다. 우리는 끊임없이 몸을 잃어버리고, 잠이 들 때 매일 의식을 잃고, 매일 매시간 자기 안에서 이 의식의 변화를 느끼면서도 전혀 이를 두려워하지 않는다. 그러므로 만약 죽을 때 우리가 잃을까 봐 두려워하는 우리의 '나'가 있다고 한다면, 그 '나'는 우리가 자기 것이라고 부르는 몸과 우리가 일정한 시간에 자기 것이라고 부르는 의식이 아니라, 일련의 연속적 의식 전체를 하나로 묶는 뭔가 다른 것 안에 있어야만 한다.

시간 안에서 연속적으로 이어지는 모든 의식을 하나로 이어주는 그 어떠한 건 무엇일까. 내 육체의 존재와 그 안에서 일어나는 의식의 연쇄로 구성되지 않는 '자아', 시간상 연속적으로 이어지는 다양한 의식을 심지로 꿰듯 하나씩 연이어 꿰는 이 가장 근원적이고 특수한 나의 '자아'는 도대체 무엇일까? 이 질문은 대단히 심오하고 지혜로운 것 같지만, 이 질문의 답을 모르는 사람은 단연코 없을 것이다. 그리고 아이라도 그 답을 하루에 스무 번씩 말할 것이다. 그 답이란 "나는 이건 좋아하지만, 저건 좋아하지 않아"와 같은 것들이다. 이 말들은 아주 단순하지만, 그 안에는 의식 전체를 하나로 묶는 특별한 '나'가 무엇인지를 캐묻는 질문에 대한 답변이 있다. 그것은 이건 좋아하고, 저건 좋아하지 않는 '나'인 것이다. 어째서 한 사람이 이것은 좋아하고, 저것은 싫어하는지 그것을 아는 사람은 아무도 없다. 그런데 바로 그것이 개개의 사람 삶의 기초를 이루는 것이고, 바로 그것이 개개의 사람이 시간에 따라 달라지는 다양한 의식 전체를 하나로 묶어 주는 것이다.

외적 세계는 모든 사람에게 똑같이 작용하지만, 심지어 완전히 똑같은 조건이라고 할지라도 그것에서 받는 사람들의 인상은 무한대로 다양할 수 있다. 그들이 받는 인상의 수와 그 강도는 무한대로 나뉠 수 있다. 이 인상들로 인해 각 사람이 가지는 일련의 연속적 의식이 만들어진다. 이 일련의 의식 전체가 하나로 엮이는 이유는 현재도 어떤 인상들은 작용하고, 다른 인상들은 그의 의식에 작용하지 않기 때문이다. 일정한 인상이 사람에게 작용하거나 작용하지 않느냐는 다만 그가 그것을 다소 좋아하느냐 좋아하지 않느냐에 달려 있다.

더 좋아하는지 덜 좋아하는지의 정도에 따라 사람 안에 다른 게 아닌 바로 그런 종류의 의식이 만들어지는 것이다. 그러므로 하나를 다소간 사랑하고, 다른 건 사랑하지 않는 속성이 특별하고 근본적 '나'이고, 이 '나'가 여기저기 흩어져 있고 연속적이지 않은 의식을 하나로 모아 주는 것이다. 이 속성은 우리의 삶에서 발전하는데도 불구하고 우리에게 보이지 않고 인식되지 않는 과거로부터 이미 준비된 것으로서 우리에 의해 이 삶에 들어와 있다.

하나를 더 혹은 덜 좋아하고 다른 것은 좋아하지 않는 사람의 이 특별한 속성은 보통 성격이라고 불린다. 일정한 장소와 시간 조건의 결과로 형성되는 개별적 인간 속성의 특징이 이 단어로 자주 이해된다. 그러나 이건 합당한 규정이 아니다. 하나를 더 혹은 덜 좋아하고 다른 것을 좋아하지 않는 사람의 기본적인 속성은 시간과 공간적인 조건에서 나오지 않는다. 그와는 반대로 시간적이고 공간적인 조건은 사람에게 영향을 주거나 주지 않는다. 사람은 세상에 태어날 때 이미 하나를 좋아하고 다른 것을 좋아하지 않는 상당히 일정한 속성을 가지고 있기 때문이다. 완전히 똑같은 시간적·공간적 조건에서 태어나 양육을 받은 사람들이 완전히 급격히 반대되는 내적인 '나'를 보여 주는 일이 자주 발생한다.

의식은 분산되어 있지만, 자기대로 우리의 몸을 하나로 결합한다. 그리고 그 의식 전체를 하나로 모으는 무언가는, 시간적·공간적 조건으로부터 독립해 있다고는 해도 뭔가 일정한 것이다. 그 무언가가 우리에 의해 초시간적이고 초공간적인 영역에서 이 세계로 들여놓인 것이다. 내가 세계와 맺은 어느 정도 예외적 관계로 만들어진 이 무언가는 내 현재의 실질적인 '나'이다.

나는 이 기본적 속성으로 자신과 다른 이들을 이해한다. 그러므로 내가 그들을 안다면, 그건 세계와 맺은 어떤 특별한 관계를 보고 그들을 아는 것이다. 사람들과 진지한 정신적 소통을 할 때 우리 중에서 그들의 외적 특징에 의해 지배당해 판단할 사람은 아무도 없다. 우리의 각 사람은 그들의 본질을 간파하려고, 즉 그들이 세상과 맺은 관계를 인식하고, 그들이 무엇을 어느 정도로 좋아하고 좋아하지 않는지를 인식하려고 노력한다.

만약 내가 각각의 개별적 동물들, 즉 말, 개, 암소를 알고 그들과 진지하게 정신적으로 소통한다면 나는 그들을 외적 특징이 아니라, 그들 각자가 세계와 맺은 특별한 관계로 아는 것이다. 즉 그들 각자가 무엇을 좋아하는지, 어느 정도로 좋아하고 좋아하지 않는지를 보고 안다는 것이다. 만약 내가 동물의 특별히 다양한 종들을 안다면, 엄격히 말해 나는 그들을 외적 특징으로 안다기보다는 그들 각자, 즉 사자, 물고기, 거미가 세상과 맺은 공통적이고 특별한 관계를 보고 안다는 말이다. 모든 사자는 대체로 하나를 좋아하고, 모든 물고기는 다른 것을, 모든 거미는 또 다른 것을 좋아한다. 그들은 서로 다른 것을 좋아하기 때문에만 나의 개념 속에서 서로 다른 살아 있는 생물로 분류되는 것이다.

내가 이 존재들 각자가 세계와 맺은 특별한 관계를 구분하지 못하는 것이 그 특별한 관계가 없음을 증명하지는 않는다. 오히려 그것은 하나의 개별적 거미의 삶을 구성하는 거미와 그 세계와의 특별한 관계가 내가 맺고 있는 세계와의 관계와는 거리가 멀고, 실비오 펠리코[44]가 자신의 개별적 거미를 이해하듯 내가 그것을 아직 이해하지 못하고 있다는 것만을 증명할 뿐이다.

내가 나 자신과 전 세계에 대해 알고 있는 전체의 기초는 내가 살아가는 세계와 맺은 특별한 관계이다. 그 관계의 결과로 세계와 특별한 관계를 맺고 있는 다른 존재들이 보이는 것이다. 세계와 맺은 나의 특별한 관계는 이생에서 확립된 게 아니고, 나의 육체와 시간 안에서 연속적으로 발생하는 일련의 의식과 함께 시작된 것도 아니다.

그러므로 나의 시간적인 의식에 의해 하나로 연합된 나의 육체는 파괴될 수 있고 나의 시간적인 의식 자체도 파괴될 수 있지만, 내가 세계와 맺은 특별한 관계는 파괴될 수 없다. 그 관계로 나를 위해 존재하는 모든 게 만들어지기 때문이다. 존재하는 건 그 관계뿐이므로 파괴될 수 없는 것이다. 만약 그 관계가 없다면, 나는 일련의 연속적인 자신의 의식을 모를 것이고, 내 육체를 모를 것이고, 나 자신과 다른 누구의 삶도 모를 것이다. 그러므로 육체와 의식의 파괴는 이생에서 시작되지 않았고 발생하지 않은, 내가 세계와 맺은 특별한 관계의 징표가 될 수 없다.

---

[44] 이태리의 시인 S. 펠리코는 이탈리아의 통일과 오스트리아로부터의 독립을 위해 싸우다가 오랫동안 감옥에서 지냈다. 그는 오스트리아의 검열 기관에 의해 금지된 잡지를 출간하다가 밀라노에서 체포된다. 톨스토이는 펠리코의 《나의 감옥 생활》이라는 회상록을 높이 평가했고 1887년에 V. G. 체르트코프에게 그의 회상록을 출판하자고 제안한다. 더 훗날에는 동물들에게 느끼는 '연민'에 대한 고찰을 《독서목록》〈실비오 펠리코는 거미를 어떻게 대하는가〉에 집어넣는다.

제29장

죽음의 공포는
사람들이 거짓된 관념으로 국한된
삶의 작은 부분 하나만을
인생으로 받아들이는 데서 생긴다

우리는 육체와 시간 안에서 발현되는 일련의 의식을 하나로 통합하는 자신의 특별한 '나'를 잃어버리지 않을까 두려워한다. 그런데 이 나의 특별한 '나'는 나의 탄생과 더불어 시작되지 않았다. 그러므로 일정한 시간적인 의식의 중단은 모든 시간적인 의식을 하나로 통합하는 것을 무효로 만들 수 없다.

육체적 죽음은 실제로 육체를 함께 지탱하고 있던 것, 즉 시간적 삶의 의식을 파괴한다. 그러나 이건 매일 우리가 잠들 때 우리에게 일어나는 일이다. 문제는 죽음이 일련의 모든 의식을 하나로 통합하는 것, 즉 세계와 맺은 나의 특별한 관계를 없애느냐에 있다. 이 문제에 긍정적으로 답하기 위해서는 먼저 연속되는 의식 전체를 하나로 통합하는 세계와 맺은 특별한 관계가 나의 육체적 존재와 함께 태어나고 또 죽는다는 것을 증명해야만 한다. 그러나 그런 일은 존재하지 않는다.

내 의식에 기초해 판단할 때 내 모든 의식을 하나로 통합하는 것은, 어떤 것을 받아들이는 일정한 수용성과 또 다른 하나를 대할 때 보이는 냉담함인데, 그 결과 하나는 남고 다른 하나는 사라지게 된다. 바로 나, 즉 특별한 나를 구성하는 세계와 맺는 나의 특별한 관계인, 선을 사랑하는 내 마음과 악을 증오하는 내 마음의 정도는 어떤 외적 원인의 결과가 아니라, 내 삶의 나머지 모든 현상의 기본적인 원인이 된다.

관찰에 기초해 판단할 때 나는 처음에 나의 '나'라는 사람이 지닌 특징의 원인이, 나와 내 특징들에 영향을 미친 내 부모들과 외부 조건들의 특징에 있다고 생각한다. 그러나 이 노선을 따라 더 판단해 볼 때, 만약 특별한 나의 '나'가 그 특징들에 영향을 미친 내 부모들과 외부 조건들의 특징 때문이라면, 그 '나'는 내 모든 조상과 그들의 생존 조건의 특징에 무한대로, 즉 시간과 공간을 초월해서 바탕을 둔다는 것을 발견하지 않을 수 없다. 그러므로 나의 특별한 '나', 즉 내가 의식하는 '나'는 시간과 공간을 초월해 발생한 것이다.

이 기초, 내 기억 안에 오래 남은 의식과 그 의식에 선행하는 의식 모두를 통합하는, 내가 세상과 맺은 특별한 관계의 초시간적이고 초공간적인 기초 안에서만(플라톤이 말했듯이, 그리고 우리 모두 우리 안에서 느끼듯이) 바로 이 기초 안에서만 바로 그 특별한 '나'가 존재한다. 그리고 우리는 안에서만 육체적 죽음과 함께 바로 이 특별한 '나'가 파괴될까 봐 두려워한다.

그러나 모든 의식을 하나로 묶는 것, 즉 인간의 특별한 '나'는 시간 밖에 존재한다는 것과 일정한 시간상의 일련의 의식만이 늘 존재하고 또 단절될 수 있다는 것을 이해할 필요가 있다. 육체적으로 죽었을 때 시간상 마지막 의식의 파괴가 매일 잠들었을 때와 마찬가지로 존재했고 존재한다는 것과 인간적 '나'를 파괴하는 게 참으로 적다는 건 분명한 일이다. 잠이 들 때 사망 시와 완전히 똑같은 일, 즉 시간 안에서 의식이 중단되는 일이 일어나는데도 불구하고 잠을 두려워하는 사람은 한 명도 없다. 사망 시와 완전히 똑같이 의식이 소멸하는데도 불구하고 사람이 잠드는 것을 두려워하지 않는 이유는 늘 잠이 들었다가 깨어났으므로, 반드시 다시 깨어나리라고 판단했기 때문이 아니다. (그는 천 번 깨어날 수 있지만, 천일 번째에는 깨어나지 않을 수도 있으므로 이런 판단은 옳지 않다) 이렇게 판단하는 사람은 아무도 없을 것이다. 그리고 이런 판단은 그를 안심시키지 못할 수도 있다. 그러나 사람은 그의 참된 '나'가 시간 밖에 살고 있고, 그러므로 시간 안에 그에게 나타나는 의식 중단은 그의 생명을 파괴할 수 없다는 것을 알고 있다.

만약 사람이 동화에서처럼 수천 년 동안 잠을 잘 수 있다면, 그는 두 시간 동안인 것처럼 평화롭게 잠을 잘 것이다. 시간에 얽매이지 않는 참된 삶의 의식에게 있어 백만 년 동안의 시간적 단절과 여덟 시간 동안의 시간적 단절은 마찬가지이다. 그러한 삶에 시간은 존재하지 않기 때문이다.

육체가 소멸하면 현재의 의식도 소멸할 것이다.

그러나 이제는 사람이 자기 몸의 변화, 하나의 시간적 의식을 다른 의식으로 교체하는 데 익숙해질 때도 되었다. 이러한 변화는 사람이 자신을 기억할 때부터 시작되었다. 그리고 그 변화는 끊이지 않고 일어났다. 사람은 자기 몸의 변화를 두려워하지 않고 끔찍해하지 않을 뿐 아니라 이러한 변화가 가속되기만을 바랄 때가 아주 많다.

예를 들면 자라서 어른이 되어 부족한 부분이 치료되기를 원하는 것이다. 사람은 붉은 살덩어리였고, 그의 모든 의식은 위胃의 요구에 집중되어 있었다. 그런데 이제 그는 성장하여 아이들을 사랑하는 수염이 난 현명한 남성, 혹은 여성이 되었다. 아이와 성인의 육체나 의식에도 유사한 점이라고는 전혀 없고, 사람은 그를 현재 상태로 이끈 변화를 두려워하지 않았으며, 그 변화를 반기기만 했다. 그러니 앞으로 있을 변화에서 두려울 게 뭐가 있다는 말인가?

소멸? 그렇다. 이 모든 변화가 일어나는 바탕, 즉 참된 삶의 의식을 구성하는, 세계와 맺은 특별한 관계는 육체의 탄생과 함께 시작된 것이 아니라 육체와 시간을 초월하여 시작된 것이다. 그렇다면 어떠한 것이든 시간적이고 공간적인 변화가 그 바깥에 있는 것을 파괴할 수 있을까. 사람은 삶 전체를 보고 싶어 하지 않으며 자기 삶의 작은, 아주 작은 부분을 눈으로 뚫어지게 응시하면서 지극히 사랑하는 그 작은 조각이 눈앞에서 사라지지 않을까 두려워하며 몸을 떤다. 이는, 자기가 유리로 만들어졌다고 상상해서 그를 떨어트리자 "쨍그랑!"이라고 외치고는 곧바로 죽은 한 광인에 대한 일화를 상기시킨다. 사람이 생명을 소유하기 위해서는 생명 전체를 취해야지 시간과 공간 안에서 드러나는 생명의 작은 일부만 취해서는 안 된다. 생명 전체를 취하는 자는 더 받을 것이고, 일부만 취하는 자는 가지고 있는 것도 빼앗길 것이다.

제30장

삶은 세계와 맺은 관계이다.
생명의 움직임은 새롭고 더 고차원적인
관계의 확립이다. 그러므로 죽음은
새로운 관계로 진입하는 것이다

우리는 삶을 세계와 맺은 일정한 관계 이외에 다른 것이라고
는 이해할 수 없다. 우리는 우리 안에 있는 삶을 그렇게 이해하고
다른 존재들 안에 있는 삶도 그렇게 이해한다.

그러나 우리는 삶을 삶과 이미 맺은 관계로만이 아니라, 이성
에 동물적 자아를 더 많이 복종시키고 더 큰 사랑을 드러냄으로
써 세계와 새로운 관계를 확립하는 것으로도 이해한다. 우리가
자기에게서 보는 육체적 존재로서의 피할 수 없는 소멸은 우리가
세계와 맺은 관계가 항구적이지 않다는 것, 그리고 우리가 다른
관계를 확립하지 않을 수 없다는 것을 보여 준다.

이 새로운 관계의 확립, 즉 생명의 움직임은 죽음의 개념을
소멸시킨다. 삶을 세계와 합리적 관계를 확립하고 점점 더 커지
는 사랑 안에서 이성적 관계가 발현되는 것으로 인정하지 않고,
존재에 함께 진입한 어떤 사람에게는 사랑을, 또 다른 사람에게
는 혐오를 품은 정도라 할 수 있는 관계에 머문 사람에게만 죽음
은 자신을 드러낸다.

삶은 멈추지 않는 진행인데, 사람이 삶에 진입할 때 품은 사

랑의 정도와 세계와 맺은 관계에 그대로 머물러 있을 때, 그는 삶의 정지를 느끼고 그는 죽음을 떠올린다. 죽음은 그런 사람에게 만 보이고 또 두렵게 느껴진다. 그런 사람의 존재 전부가 멈추지 않는 하나의 죽음인 것이다. 유년기에 시작되어 노년기까지 이어 지는 동물적 생명의 감소가 일어나면, 죽음은 미래만이 아니라 현재에도 그의 눈에 보이고 두렵게 느껴진다. 어린 시절부터 성숙할 때까지 존재의 진행은 일시적으로 힘이 강해지는 것처럼 보이지만, 본질적으로는 태어나서 죽을 때까지 신체 기관이 끊임없이 둔해지고 유연성과 생기가 줄어드는 것이기 때문이다. 그런 사람 은 끊임없이 자기 눈앞에 죽음을 본다. 그를 죽음에서 구해 줄 수 있는 건 아무것도 없다. 매일 매시간 그 사람의 상황은 더 나 빠지고, 그를 더 낫게 해 줄 수 있는 건 아무것도 없다.

세계와 맺은 특별한 관계, 어떤 사람에게 품은 사랑과 또 다 른 이에게 품은 혐오는 그에게 생존 조건 중 하나로 생각된다. 인 생의 유일한 일, 즉 세계와 새로운 관계를 확립하는 것, 즉 사랑 의 확대는 그에게 필요하지 않은 일처럼 생각된다. 그의 전 생애 는 피할 수 없는 생명의 감소, 생명의 둔화와 약화, 노화와 죽음 같은 불가항력의 진행 안에서 흘러간다.

그러나 생명을 사랑하는 사람은 그렇지 않다. 그러한 사람은 세계와 맺은 특별한 관계, 즉 한 사람에게 품은 사랑과 다른 사 람에게 품은 혐오를 그에게 감춰진 과거로부터 자신의 현재 삶에 들여왔다는 것을 알고 있다. 그는 자신의 현존 안에 들여온 한 사람에게 품은 사랑과 다른 사람에게 품은 혐오가 그의 삶의 본질임을 안다. 그리고 이것이 자기 삶의 우연한 속성이 아니라는 것과 이것만이 생명의 움직임을 지니고 있다는 것을 안다. 그리고 이 하나의 움직임, 그러니까 사랑의 확대에 자기 삶의 의미가 있다고 생각한다.

그런 삶을 살면서 과거를 바라볼 때 그는 잊지 못할 일련의 의식에 따라 세계와 맺은 그의 관계가 변화했고, 이성의 법칙에 복종하는 경우가 증대했고, 사랑의 힘과 영역이 멈추지 않고 증가한 것을 깨닫는다. 사랑의 힘과 영역은 독립적으로, 그러나 때론 자아 존재의 감소에 직접 반비례하여 그에게 점점 더 큰 행복을 준다.

보이지 않는 과거로부터 생명을 받아들인 후 사람은 생명이 끊임없이 자라나는 것을 의식하며 보이지 않는 미래에 생명을 평온할 뿐 아니라 기쁘게 전달한다.

사람들은 질병, 노화, 낙후, 어린아이처럼 변하는 게 사람 의식과 생명의 소멸이라고 말한다. 하지만 어떠한 사람에게 그렇다는 말인가. 노년에 아이처럼 변했다는 사도 요한을 상상해 본다. 그는 "형제들이여, 서로 사랑하시오!"라는 말만 했다고 한다. 겨우 움직이는 백 세의 노인이 눈물지으며 똑같이 두 마디 말만 웅얼거렸다고 한다. "서로서로 사랑하십시오!" 그런 사람 안에서 동물적 존재는 아주 희미하게만 보이고, 동물적 존재 전체는 세계와 맺은 새로운 관계, 육체적 사람의 존재 속에 들어가지 않는 살아 있는 새로운 존재에 잠식되는 것이다.

　삶이 현실적으로 어떠한 모습인지로 삶을 이해하는 사람이 병들고 늙어서 생명이 줄어든다고 말하며 그로 인해 애통해하는 것은 빛으로 다가가는 사람이 빛으로 다가감에 따라 자신의 그림자가 작아진다고 애통해하는 것과 다름없다. 육체가 무너지므로 자기 생명이 소멸한다고 믿는 것은 대상이 완전한 빛으로 들어간 후 그림자가 소멸한 것을 대상 자체가 소멸한 확실한 징후라고 믿는 것이나 마찬가지이다. 너무 오랫동안 그림자만 봐서 결국 그림자가 대상 자체라고 상상하는 사람만이 그런 결론을 내릴 수 있다.

　시간적·공간적 생존에 반영된 대로가 아니라 세계와 맺은 성숙한 관계로 자신을 알고 있는 사람에게 시간적·공간적인 조건에서 그림자의 소멸은 빛이 큰 정도의 징후에 불과하다. 자기가 존재에 들어올 때 가지고 왔고, 살면서 사랑의 확대로 자라난, 세계와 맺은 일정한 관계로 삶을 이해하는 사람이 자기의 소멸을 믿는 것은 외적으로 보이는 세계 법칙을 아는 사람이 어머니가 양배추 아래에서 그를 발견했고 그의 몸이 돌연 어디론가 날아가 아무것도 남지 않게 될 것이라고 믿는 것이나 마찬가지이다.

제31장

죽은 사람들의 생명은
이 세계에서 중단되지 않는다

다른 측면은 말하지 않더라도 우리가 생명을 의식하듯 생명 자체의 본질을 들여다보면 죽음은 미신임이 더욱 분명해진다. 나의 친구인 형은 나처럼 살았고, 현재의 내가 살 듯 사는 것을 멈추었다. 그의 생명은 그의 의식이었고 그의 육체적 생존의 조건 속에서 움직였다. 이 뜻은 그의 의식이 발현될 장소와 시간이 없었다면 나에게 그도 없다는 말이다. 나의 형은 존재했고, 나는 그와 소통 가운데 있었지만, 지금 그는 존재하지 않고 나는 그가 어디 있는지 전혀 알 수가 없다.

"그와 우리 사이에 모든 관계가 끊어졌다. 우리에게 그는 없고 남겨질 자들에게 우리 역시 없다. 이것이 죽음이 아니라면 무엇이란 말인가." 삶을 이해하지 못하는 사람들은 이렇게 말한다. 이 사람들은 외적 소통의 중지가 의심할 여지없이 실질적 죽음의 증거라고 본다. 가까운 사람들의 육체적 생존의 중지보다 죽음 개념의 환상성을 더 분명하고 명확하게 흩어 놓을 수 있는 게 어디 있겠는가. 나의 형은 죽었고, 그래서 어찌 되었는가. 시간과 공간에서 내가 관찰할 수 있는 그의 세계와의 관계 발현은 내 눈앞에서 사라지고 아무것도 남지 않았다.

"아무것도 남지 않았다." 아직 나비를 세상에 내보내지 않은 번데기는 자기 옆에 누에고치가 빈 채로 남아 있는 것을 보고 이렇게 말할지 모른다. 그러나 번데기가 생각하고 말할 수 있다면 이웃을 잃은 그는 진정으로 그를 전혀 느낄 수 없기에 그렇게 말할 수도 있을 것이다. 그러나 사람은 그렇지 않다. 나의 형은 죽었고, 그의 누에고치는 정말로 빈 채로 남았다. 나는 이제까지 보아 왔던 형태로 그를 보지 못하지만, 그가 내 눈앞에서 사라진 것이 내가 그와 맺은 관계를 소멸시키지는 못했다. 우리가 말하듯 내게는 그에 대한 추억이 남아 있다.

추억이 남았지만, 그건 그의 손, 얼굴, 눈에 대한 추억이 아니라 그의 정신적 모습에 대한 추억이다.

추억이란 무엇인가. 겉으로 보기에 얼마나 단순하고 이해가 잘되는 단어인가! 결정체, 동물의 형태는 사라지지만, 결정체와 동물 사이에는 추억이 존재하지 않는다. 내게는 내 친구와 형제에 대한 추억이 있다. 이 추억은 내 친구와 형의 삶이 이성의 법칙과 화목했으면 했을수록, 그 삶이 사랑 안에서 더 발현되었으면 되었을수록 더 생생하다. 이 추억은 그냥 개념만인 게 아니다. 이 추억은 그가 지상에서 살아 있는 동안 내게 영향을 주었던 것처럼 지금도 뭔가 내게 영향을 주는 것이다. 이 추억은 그가 육체적으로 생존해 있을 때 그의 삶이 나와 다른 이들에게 영향을 주었던 그의 보이지 않는 비물질적 분위기이고, 죽은 후에도 나에게 마찬가지로 영향을 주는 것이다. 이 추억은 그가 살아 있을 때 내게 요구했던 것을 죽은 후에도 내게 똑같이 요구한다. 그뿐 아니라 이 추억은 그가 살아 있을 때보다 죽은 후에 내게 더 구속력을 가진다. 내 형에게 있었던 생명의 힘은 사라지지 않았을 뿐 아니라, 그대로 남아 있기는커녕 이전보다 더 강하게 확장되어 내게 영향을 미치고 있다.

육체적 죽음 이후에도 그의 생명력은 죽기 전과 마찬가지이 거나 더 강하게 작용하여 진정으로 살아 있는 존재인 것처럼 영향을 미친다. 내 형이 육체적으로 살아 있을 때와 똑같이 생명력, 즉 내가 세계와 맺은 관계를 내게 설명해 주는 그가 세계와 맺은 관계로서의 생명력을 내가 느낄 때 나는 무슨 근거로 내 죽은 형이 더 이상 생명을 지니지 않는다고 주장할 수 있겠는가.

나는 그가 동물적 존재로 존재했던 세계, 그리고 내가 아직 살고 있는 세계와 맺은 가장 저차원의 관계 바깥으로 나갔을 뿐, 그게 다라고 주장할 수 있다. 내가 지금 그가 사는 세계와 맺은 새로운 관계의 중심을 보지 못한다고 말할 수 있다. 그러나 나는 내 위에 그의 생명력을 느끼므로 그의 생명을 부인할 수 없다. 나는 어떤 사람이 나를 붙잡고 있는 모습을 비치는 거울 같은 표면을 통해 바라봤는데, 그 표면이 흐려진 것이다. 나는 더 이상 그가 나를 붙잡고 있는 것을 보지 못하지만, 그가 여전히 예전과 똑같이 나를 붙잡고 있고 그러므로 여전히 존재하고 있음을 온몸으로 느낀다.

그러나 그뿐만이 아니다. 보이지 않는 죽은 형의 생명은 내게 영향을 미치고 있을 뿐 아니라 내 안으로 들어온다. 그의 독특한 살아 있는 '나', 그가 세계와 맺은 관계는 세계와 내가 맺은 관계가 된다. 그는 세계와 관계를 확립할 때 그가 올라간 수준으로 나를 끌어올려 놓는 것 같다. 그래서 나의 독특한 살아 있는 '나'인 내게는 그가 이미 들어선 다음 단계가 더욱 선명하게 보인다. 내 눈에는 보이지 않지만, 그는 나를 자기 쪽으로 당기고 있다. 이렇게 나는 육체적으로 죽어 잠든 형의 생명을 의식하고, 그러므로 그 생명에 의심을 가질 수 없다. 그러나 내 눈앞에서 사라진 생명이 세상에 미치는 영향을 관찰할 때, 나는 내 눈앞에서 사라진 생명의 실체를 더욱 의심 없이 확신한다. 사람은 죽었지만, 그가 세계와 맺은 관계는 계속해서 사람들에게 영향을 미치는데, 살아 있을 때와 마찬가지가 아니라 심지어 몇 배나 더 강하게 영향을 미친다. 그리고 그 영향은 지혜로움과 사랑의 정도에 따라 절대로 멈추지 않아 휴식을 모르고 여전히 살아 있는 존재처럼 확장되고 자라난다.

그리스도는 아주 오래전에 죽었고, 그의 육체적 생존은 짧았으며 우리는 그의 육체적 모습에 대해 명확한 개념을 갖고 있지 않지만, 그의 지혜롭고 사랑 많은 생명력, 즉 다른 누가 아닌 그가 세계와 맺은 관계는 수많은 사람에게 지금까지 영향을 미치고 있다. 그들은 그가 세계와 맺은 관계를 자신 안으로 받아들여 그것으로 살아가고 있다. 도대체 무엇이 그렇게 작용하도록 하는 걸까. 예전에 그리스도의 육체적 생존과 연결되어 있었고, 그 생명의 연속과 성장을 구성하는 이것은 과연 무엇이란 말인가.

우리는 이것이 그리스도의 생명이 아니라, 그 생명의 결과라고 말한다. 그리고 아무 의미도 없는 이런 말들을 하고 나면 우리는 이 힘이 살아 계신 그리스도 자체라는 말보다 더 분명하고 명확한 말을 한 것처럼 느낀다. 자라서 떡갈나무가 될 도토리 옆에서 땅을 파는 개미들이 똑같은 말을 할지도 모른다. 도토리는 자라서 떡갈나무가 되어 자기 뿌리로 땅을 갈라놓고 가지와 이파리와 새로운 도토리를 떨어트리고, 햇빛과 비를 막아 주어 자기 주변에 살고 있는 모두를 변화시킨다. "이건 도토리의 생명이 아니라, 그 생명의 결과야. 도토리의 생명은 우리가 도토리를 끌어옮겨 개미구멍 안으로 던졌을 때 끝난 거야"라고 개미들은 말할 것이다.

내 형은 어제 혹은 수천 년 전에 죽었다고 해도, 그가 육체적으로 생존했을 때 작용했던 그의 생명력 자체는 내 안과 수백, 수천, 수백만의 사람들 안에서 여전히 더 강하게 영향을 미친다. 설사 내게 보이던 그의 일시적인 육체적 생존력의 중심이 내 눈앞에서 사라졌다고 할지라도 말이다. 이것은 무엇을 의미하는가.

나는 내 눈앞에서 불타는 풀에서 불빛을 본다. 그 풀은 사라지지만, 빛만은 더 강해진다. 나는 이 빛의 원인을 보지 못하고, 뭐가타고 있는지 알지 못하지만, 이 풀을 태운 불이 이제 멀리 있는숲을 태우거나, 아니면 내가 볼 수 없는 뭔가를 태울 것이라는 결론을 내릴 수 있다. 이 빛은 이제 내가 볼 수 있을 뿐 아니라 홀로나를 인도하고 내게 생명을 주는 그러한 빛이다. 나는 이 빛으로살아간다. 내가 이것을 어떻게 부인할 수 있겠는가. 나는 이 생명력이 지금 내게 보이지 않는 다른 중심을 가지고 있다고 생각할수 있다. 나는 이 생명력을 느끼고 그것으로 움직이며 살아가고있으므로 그것을 부인할 수 없다.

이 중심이 어떠한지, 이 생명 자체가 어떠한지 나는 알 수 없지만, 추측을 좋아하고 혼란스러워하는 것을 두려워하지 않는다면 추측은 할 수 있다. 만약 내가 삶에 대한 이성적 이해를 찾고있다면, 명료하고 의심할 여지 없는 개념에 만족하고 거기에 뚜렷하지 않은 자의적 추측을 첨가함으로써 명백하고 확실한 것을 망치고 싶지는 않다. 나를 살아가게 하는 모든 게 나 이전에 살았던사람들과 오래전에 죽은 사람들의 생명으로 만들어졌고, 그러므로 생명의 법칙을 실행하고 자신의 동물적 자아를 이성에 복종시키며 생명력을 드러내는 모든 사람이 자신의 육체적 생존의 소멸이후에도 다른 사람들 안에서 살아 있었고 또 살아 있다는 사실을 아는 것으로 나는 충분하다. 그것만으로도 죽음이라는 어리석고 끔찍한 미신이 더 이상 나를 괴롭히지 못할 것이다.

계속해서 작용하는 힘을 자기 뒤에 남기고 떠난 사람들을 통해 우리는 자신의 자아를 이성에 복종시키고 사랑의 삶에 헌신한 사람들이 생명의 소멸 불가능성을 왜 의심할 수 없었고 또 왜 의심하지 않았는지를 관찰할 수 있다.

이러한 사람들의 삶에서 우리는 생명의 연속성에 대한 이들의 믿음의 기초도 발견할 수 있고, 그 후 자신의 삶을 들여다보고 자기 안에서 이 기초들을 발견할 수 있다. 그리스도는 그가 생명의 환영이 사라진 후에 다시 살게 될 것이라고 말했다. 그가 이렇게 말할 수 있었던 것은 당시 육체적으로 생존하던 동안 이미 중단되지 않는 참된 삶으로 들어섰기 때문이다. 그는 육체적으로 생존하던 동안 이미 자기가 다가가고 있는 생명의 다른 중심으로부터 오는 빛 가운데 살았고, 살아생전 그 빛의 광선이 이미 주변 사람들을 비추는 것을 보았던 것이다. 자아를 부인하며 현명한 삶, 사랑하는 삶을 살아가는 모든 사람도 똑같은 것을 본다.

인간의 활동 영역이 아무리 좁다고 할지라도 그리스도이든, 소크라테스든, 선량하고 희생적인 무명의 노인이든, 청년이든, 여인이든 만약 그가 다른 이들의 행복을 위해 자아를 부인하며 산다면 그는 이곳 이생에서 이미 죽음이 없는 세계와 새로운 관계에 들어가는 것이다. 그리고 그 관계의 확립은 모든 이가 이생에서 성취해야 할 과업이다.

이성의 법칙에 복종하고 사랑을 실현하는 데 자기 삶을 바친 사람은 이생에서 한편으로는 자기가 다가가는 생명의 새로운 중심의 빛을 보고, 다른 한편으로는 그를 통과한 그 빛이 주변 사람에게 미치는 작용을 본다. 이것이 그에게 생명의 불멸과 불사, 영원한 증가에 대한 의심 없는 믿음을 준다. 영생에 대한 믿음은 그 누구로부터도 받아들일 수 없고 영생을 스스로 확신시킬 수도 없다. 영생에 대한 믿음이 있으려면 영생이 존재해야 하고, 자기 생명이 영원하다는 것을 이해해야만 한다. 내세를 믿는 것은 인생의 과업을 성취하고 이생에 들어맞지 않는 세계와 이생에서 새로운 관계를 확립한 사람들만이 할 수 있다.

제32장

죽음의 미신은
사람이 세계와 맺은 다양한 관계를
혼동하는 데서 일어난다

그렇다. 만약 참된 의미에서 인생을 바라본다면, 죽음이라는 이상한 미신이 무엇 위에 서 있는지를 이해하기조차 힘들어진다.

어둠 속에서 유령처럼 놀라게 하는 것을 자세히 들여다보고 그것이 무엇인지 알게 되면, 그 희미한 공포를 다시 되살릴 수 없을 것이다.

하나밖에 없는 생명을 잃을 수 있다는 두려움은 다음과 같은 이유에서 생긴다. 즉 삶은 잘 알고 있으나 보이지 않는 하나의 특별한 관계, 즉 그의 이성적 의식이 세계와 맺은 관계로 생각될 뿐 아니라, 잘 모르나 눈에 보이는 두 개의 관계, 즉 그의 동물적 의식이 세계와 맺은 관계와 육체가 세계와 맺은 관계로 생각되는 데서 두려움이 생기는 것이다.

존재하는 모든 것은 사람에게 1)그의 이성적 의식이 세계와 맺은 관계로, 2)그의 동물적 의식이 세계와 맺은 관계로, 3)그의 육체가 세계와 맺은 관계로 생각된다. 그의 이성적 의식이 세계와 맺은 관계가 그의 유일한 삶임을 이해하지 못하면, 사람은 자신의 삶을 여전히 동물적 의식과 물질이 세계와 맺은 보이는 관계로만 생각한다. 그리고 그의 개체 안에서 그를 구성하는 동물적인 것과 물질이 세계와 맺은 예전의 관계가 파괴될 때 자신의 이성적 의식이 세계와 맺은 특별한 관계를 잃을까 봐 두려워하는 것이다.

그런 사람이 보기에는, 그가 물질의 움직임으로부터 발생해서 개인적이고 동물적 의식 수준으로 바뀐다고 보는 것 같다. 그가 보기에 이 동물적 의식은 이성적 의식으로 바뀌고, 그 후 이 이성적 의식이 약해져서 다시 동물적 의식으로 바뀌고, 결국에는 동물적 의식이 약해져서 그것이 나오게 된 죽은 물질로 바뀌는 것 같은 것이다. 그런 관점에서 그의 이성적 의식이 세계와 맺은 관계는 그에게 뭔가 우연하고 불필요하고 파멸적인 것처럼 보인다. 반면, 그의 동물적 의식이 세계와 맺은 관계는 파괴 불가능한 것처럼 보이는 것이다. 동물적 의식은 자기 종족 안에서 자신을 이어 가므로, 물질이 세계와 맺은 관계는 결코 파괴될 수 없이 영원한 것 같다. 그런데 가장 귀중한 그의 이성적 의식은 영원하지 않을 뿐 아니라, 뭔가 남아도는 불필요한 것의 희미한 반짝임에 불과한 것처럼 보이는 것이다.

그런데 사람은 이것이 그럴 리가 없다고 느낀다. 바로 여기에 죽음의 공포가 존재한다. 이 두려움에서 벗어나기 위해 어떤 사람은 동물적 의식이 그들의 이성적 의식이라고, 동물적 인간의 불멸성, 즉 그의 종족, 후손의 불멸성이 그들이 자기 안에 지니고 다니는 이성적 의식의 불멸성의 요구를 만족시킨다고 자신을 확신시키려고 한다. 다른 이들은 예전에는 전혀 존재하지 않았던 생명이 갑자기 육체적 모습으로 등장해 그 속에서 사라진 후 다시 육체로 부활해 살게 될 것이라고 자신을 확신시키려고 한다. 그러나 삶을 이성적 의식이 세계와 맺은 관계로 인정하는 사람들은 이도저도 믿을 수 없다. 그들이 보기에 인류의 지속이 자신의 특별한 '나'가 자신을 표명하고자 하는 영원성의 요구를 충족시키지 않는다는 게 자명한 것이다. 생명이 다시 시작된다는 개념은 자기 안에 생명의 중단 개념을 내포한다. 만약 생명이 이전에도 없었고, 또 언제나 없었다면, 나중에도 있을 수 없는 것이다.

이런 사람에게도 저런 사람에게도 지상의 삶은 파도이다. 죽은 물질에서 개체가 구별되어 나오고, 개체에서 나온 이성적 의식은 가장 높은 파고이다. 정상에 올라선 파도, 즉 이성적 의식과 개체는 그들이 나온 그곳으로 내려가 소멸한다. 두 부류 모두에게 인생은 눈에 보이는 삶이다. 사람은 자라서 성숙한 후 죽고, 죽은 후에는 그에게 아무것도 있을 수 없다. 그가 죽은 후 그로부터 남은 것, 후손이든, 심지어 그의 일이든 무엇이든 아무것도 그를 만족시킬 수 없다. 그는 자기를 불쌍히 여기고 자기 생명의 중단을 두려워한다. 그의 인생이 여기 지상 위에서 그의 육체 안에서 시작되어 여기서 끝났다는 것과 그 자신의 생명이 부활하리라는 것을 믿을 수 없는 것이다.

사람은 만약 자기가 예전에 존재하지 않았고 무에서 나타났다가 죽었다면, 그, 즉 특별한 자기가 더 이상 존재하지 않을 것이고 또 존재할 수도 없다는 것을 알고 있다. 사람은 자기가 태어난 것이 아니라, 늘 존재해 왔고 또 존재하고 있으며 앞으로도 존재할 것임을 인식할 때에야 자기가 죽지 않으리라고 인식한다. 사람은 자기 삶이 파도가 아니라 이생에서 오직 파도처럼 나타나는 영원한 움직임이라는 것을 믿을 때만 자신의 불멸을 믿을 것이다.

내가 죽으면 내 생명이 끝나리라는 생각이 들면 애석하고 마음이 괴로우며 겁이 난다. 그런데 죽는다는 게 무엇일까. 나는 뭐가 애석하다는 걸까. 가장 평범한 관점에서 나는 도대체 무엇인가. 나는 무엇보다 먼저 육체이다. 그래서 어떻다는 말인가. 내가 육체인 게 두렵고, 그게 나는 애석하다는 걸까.

알고 보면 그건 아니다. 육체, 즉 물질은 언제 어디서든 단 한 조각도 사라질 수 없다. 그러므로 그 일부는 내게 보장되어 있고, 따라서 이 일부로 인해 두려워할 이유라고는 전혀 없다. 모든 게 온전할 것이다. 그러나 사람들은 아니라고, 그게 애석한 게 아니라고 말한다. 레프 니콜라예비치이든 이반 세묘노비치이든 그 누구이든, 그 '나'라는 사람이 애석한 것이다. 그런데 모든 이가 이십 년 전의 그 모습이 아니고, 그는 매일 이미 다른 사람이다. 그러면 나는 어느 시점의 사람이 애석한 걸까. 사람들은 아니라고, 이도 저도 애석하지 않다고들 말한다. 애석한 것은 내 소유의 '나'라는 의식이다.

더구나 당신의 의식은 언제나 하나가 아니라 여럿이었다. 일 년 전에는 다른 것이었고, 십 년 전에는 더 달랐고, 이전에는 완전히 달랐다. 당신이 기억하는 한, 의식은 계속해서 변해 왔다. 그런데 어째서 당신은 현재의 의식을 그렇게 마음에 들어 하고, 또 그것을 잃을까 봐 애석해하는 건가. 만약 당신의 의식이 언제나 하나였다면 이해할 수 있지만, 그 의식이 이제까지 계속해서 한 일은 변하는 것 하나뿐이 아니었는가.

당신은 의식의 시작점을 모르고 그 지점을 발견할 수도 없는데, 갑자기 의식에 끝이 없기를, 당신 안에 있는 의식이 영원히 남기를 원한다. 당신은 기억하는 순간부터 계속해서 걸어왔다. 당신은 자기가 어떻게 왔는지 모르는 채 이승에 왔지만, 현재 당신의 모습인 특별한 '나'로 왔다는 것은 안다. 그리고 당신은 그 후에도 계속해서 걸어 중간까지 와서는 갑자기 기쁘지도 놀라지도 않은 모습으로 그 자리에 버티고 서서 더 이상 움직이고 싶어 하지 않는다. 왜냐하면 저쪽에 뭐가 있는지 모르기 때문이다. 그러나 당신은 당신이 출발했던 장소 또한 알지 못한 채 여기까지 왔다. 그런데 당신은 입구로 들어와서는 출구로 나가고 싶지 않은 것이다.

당신의 전 생애는 육체적 생존을 통과하는 여정이었다. 당신은 서둘러 걸어가다가, 지금까지 멈추지 않고 해 오던 일이 마무리된다는 것이 문득 애석하다. 육체적으로 사망했을 때 당신의 상황에 일어나는 큰 변화가 당신은 두려운 것이다. 그러나 당신이 태어났을 때 이미 그러한 큰 변화가 일어났고, 그때 당신에게는 나쁜 일이 하나도 일어나지 않았을 뿐 아니라, 그와는 반대로 당신이 헤어지고 싶지 않을 정도로 좋은 일이 일어났다.

무엇이 당신을 겁나게 할 수 있겠는가. 당신은 현재의 감정을 가진 당신, 현재의 생각을 가진 당신, 세상에 대한 관점을 가진 당신, 현재 세계와 맺은 관계 속에 있는 당신이 가엽다고 말한다.

당신은 자신이 세계와 맺은 관계를 잃을까 두렵다. 그 관계란 어떠한 것인가. 그건 무엇인가.

만약 그 관계가 먹고 마시고 아이를 낳고 집을 짓고 옷을 입고 다른 사람들이나 동물들을 이렇게 저렇게 대하는 것이라고 한다면, 이들 모두는 판단을 내리는 동물로서 모든 인간이 삶과 맺는 관계이고, 이 관계는 절대로 사라질 수 없다. 그러한 관계는 수백만 개나 존재했고, 지금도 존재하고 있고 앞으로도 존재할 것이다. 그리고 이들의 종족은 아마도 물질의 각 입자만큼이나 확실하게 보존될 것이다. 종족의 보존은 모든 동물 안에 아주 강력하고 견고하게 새겨져 있으므로 그것 때문에 두려워할 이유는 전혀 없다. 만약 당신이 동물이라면 두려워할 것이라고는 전혀 없고, 만약 당신이 물질이라면 당신의 영원성은 훨씬 더 보장되어 있다.

만약 당신이 동물적이지 않은 요소를 잃어버릴까 봐 두려워한다면, 그건 당신이 이 존재로 들어올 때 가지고 들어온, 세계와 맺은 자신의 특별한 이성적 관계를 잃어버릴까 봐 두려워하는 것이다. 그러나 당신은 이 관계가 당신의 출생과 함께 시작되지 않았음을 안다. 그 관계는 태어난 당신의 동물적 요소와는 상관없이 존재하므로 그 요소의 죽음에 좌우될 수 없다.

제33장

가시적 삶은
생명의 무한한 운동의 일부이다

내게 내 지상에서의 삶과 다른 모든 사람의 삶은 다음과 같이 보인다.

나를 비롯한 모든 살아 있는 사람은 세계와 어느 정도 일정한 관계 속에 있고 일정한 정도의 사랑을 갖고 이 세상에 있는 자신을 본다. 처음 우리가 보기에는 우리의 삶이 우리가 세계와 맺은 관계로부터 시작된 것 같다. 그렇지만 자신과 다른 사람들에 대한 관찰은 우리가 맺은 세계와의 관계, 즉 우리 각각의 사람들이 품은 사랑의 정도가 삶이 시작되면서 같이 시작된 게 아니라는 것을 보여 준다. 그리고 오히려 그것은 우리의 육체적 탄생을 통해 우리 손을 거쳐 우리에게 감추어진 과거로부터 삶에 들어온 것이다. 그 밖에도 우리는 이곳 우리 생애의 모든 흐름이 우리 사랑의 끊임없는 확대와 강화와 다름없다는 것을 알고 있다. 그리고 그것은 절대로 중단되지 않고 육체적 죽음으로 인해 우리 눈에 가려지기만 할 뿐이다.

우리의 가시적 삶은 내게 원뿔의 절단면처럼 생각되는데, 그 정상과 바닥은 내 지적인 시선에 들어오지 못하게 가려져 있다.

원뿔의 가장 좁은 끝은 내가 처음으로 자신을 의식할 때 내가 세계와 맺은 관계이다. 가장 넓은 부분은 내가 지금 도달한, 삶과 맺은 최상의 관계이다. 이 원뿔의 시작, 즉 정상은 나의 출생으로 인해 시간 속에 내게 가려져 있다. 원뿔의 연장은 내가 육체적으로 생존할 때도, 내가 육체적으로 죽었을 때도 똑같이 알 수 없는 미래로 내게 가려져 있다. 나는 원뿔의 정상도, 그 바닥도 보지 못하지만 내 가시적이고 기억에 남는 삶이 통과하는 부분을 통해 나는 원뿔의 속성을 확실하게 깨닫는다.

내가 보기에 처음에는 원뿔의 절단면이 내 삶의 전부인 것 같지만, 내 참된 삶이 진행됨에 따라 한편으로 나는 내 삶의 기초를 이루는 것이, 내 삶의 뒤, 내 삶의 경계 너머에 있다는 것을 알게 된다. 다른 한편으로 나는 이 기초가 내게 보이지 않는 미래에 근거하는 것을 보고 미래와 나와의 연관성을 더 명확하고 더 생생하게 느낀다. 그리고 내게 가시적 삶, 즉 내 지상의 삶은 내 전 생애의 작은 일부에 지나지 않는다는 결론에 이른다. 내 전 생애는 내 지상 삶의 양쪽 끝인 출생 전과 죽음 이후에도 의심할 여지없이 존재하지만, 현재의 내 의식에는 가려져 있을 뿐이다. 그러므로 육체적 죽음 이후에 삶의 가시성의 중단은 태어나기 전의 비가시성과 마찬가지로 출생 전과 죽음 이후에 삶이 존재한다는 명백한 지식을 빼앗아 갈 수 없다.

나는 내 바깥에 있는 세계를 이미 사랑할 준비가 된 상태로 그 사랑의 속성을 가지고 삶에 들어온다. 짧든 길든 나의 육체적 생존은 내가 삶에 가지고 들어온 사랑이 증가하는 가운데 흘러간다. 따라서 나는 출생 전에도 살았고, 지금 이렇게 판단을 내리며 존재하는 현재의 이 순간 이후에도 살아가게 될 것이다. 그러나 그런 것처럼 나는 내 육체적 죽음 전 혹은 이후의 모든 순간에도 살게 되리라는 결론을 확실히 내리게 된다. 자신의 바깥에서 다른 사람들(심지어 피조물 전체) 존재의 육체적 시작과 끝을 바라보며 나는 어떤 생명은 더 길고, 또 어떤 생명은 더 짧은 것 같은 현실을 본다. 어떤 생명은 조금 더 일찍 등장해서 더 오래 내게 계속 보이지만, 다른 생명은 더 늦게 나타나서 아주 빨리 내게서 몸을 숨긴다. 그러나 나는 양자에서 모든 참된 삶의 똑같은 법칙의 발현, 즉 생명의 빛의 확장과 같은 사랑의 증대를 본다.

조만간 사람들 생명의 시간적 흐름을 내게 가리는 장막이 쳐질 것이다. 그러나 모든 사람의 생명은 여전히 똑같은 하나의 생명이고, 모든 생명이 그러하듯 모두가 마찬가지로 시작도 끝도 없을 것이다. 내게 보이는 생존의 조건 속에서 한 사람이 더 오래 혹은 더 짧게 살았다는 것이 그의 참된 삶에서는 그 어떠한 차이점도 드러내지 않는다. 한 사람이 내 시야에 더 오래 머물며 지나갔거나 다른 이가 더 빨리 지나갔다는 것이 내게 전자를 더 참된 삶으로, 후자를 덜 참된 삶으로 생각하게 만들 수는 없다. 내게 창 옆을 지나가는 사람이 보이면, 그가 빨리 가든 늦게 가든 나는 그를 보기 전에도 그 사람이 확실히 존재했다는 것과 내 눈에 보이지 않아도 계속 존재하리라는 것을 확실히 안다.

그러나 어째서 어떤 사람은 빨리 지나가고, 어떤 사람은 늦게 지나가는 걸까. 우리가 보기에 정신적으로 시들고 굳어서 사랑의 증대라는 생명의 법칙을 실행할 능력이 없는 노인은 살고, 어린아이, 청소년, 소녀, 즉 정신적 작업을 할 능력이 제일 많은 사람은 죽어서 육체적 삶의 조건 밖으로 나가는 이유는 무엇일까. 우리 생각으로 그는 육체적 삶의 조건 안에서 이제 막 자기 안에 삶과 올바른 관계를 만들기 시작했을 뿐인데.

파스칼,[45] 고골[46]의 죽음은 그래도 이해할 만하지만, 셰니에,[47] 레르몬토프, 그리고 우리가 보기에 이제 막 내적인 작업을 시작해서 그 작업을 여기서 잘 마무리할 수 있을 것 같은 또 다른 수천 명의 사람들의 죽음은 어떠한가?

그러나 이것도 우리에게 그렇게 보이는 것일 뿐이다. 우리 중

---

[45] 파스칼(1623~1662) : 프랑스의 심리학자, 과학자, 철학자, 신학자이다. 《팡세》의 저자로 "인간은 생각하는 갈대"라는 유명한 말을 남겼다. 톨스토이는 이 문구가 들어간 부분을 이 작품 전체의 제사로 사용하고 있다. 두통으로 고생하다가 병사한다.

[46] 고골(1809~1852) : 러시아 작가이다. 푸시킨, 레르몬토프와 함께 19세기 러시아 전반기 문학을 이끌었던 탁월한 작가이다. '웃음 속의 눈물'이라는 용어로 정리되는 풍자적 작품들을 남겼다. 대표작으로는 〈외투〉, 〈넵스키 거리〉, 〈코〉 등과 희곡 《검찰관》, 장편소설 《죽은 혼》 등이 있다. 자신의 내면의 부정함 때문에 3부작으로 기획된 《죽은 혼》을 완성할 수 없다는 중압감에 금식을 감행하다가 사망한다.

[47] 셰니에(1762~1794) : 프랑스의 시인이자, 정치가, 저널리스트이다. 프랑스 혁명을 열렬히 받아들이지만, 자코뱅의 폭압성을 신랄하게 비판하다가 1794년에 단두대에서 사형을 당한다.

누구도 다른 존재가 세상에 가지고 들어온 생명의 기초들을 아는 사람은 아무도 없다. 그 안에 완성된 생명의 운동에 대해, 그의 존재 안에 있는 생명 운동에 방해되는 것들에 대해 아는 사람도 없다. 더 중요한 건, 우리에게 보이지 않지만 있을 수 있는 생명의 다른 조건들, 그러니까 한 사람의 생명이 다른 삶의 모습을 갖게 할 수 있는 생명의 다른 조건들에 대해서도 아는 사람이 없다는 것이다.

대장장이의 작업을 지켜볼 때 우리가 보기에는 편자가 거의 다 만들어진 것 같고 한두 번 더 두드리면 될 것 같지만, 대장장이는 담금질이 되지 않았다는 것을 알기 때문에 그것을 부수어 불에 던져 버린다.

우리는 참된 삶의 작업이 사람 안에서 일어나고 있는지 아닌지를 알 수 없다. 우리는 자기 자신에 국한해서만 이를 알 수 있다. 죽을 필요도 없고 또 죽을 수도 없는데 한 사람이 죽어간다는 생각이 들 때가 있다. 사람이 죽는 것은 그의 행복을 위해 꼭 필요할 때뿐이고, 그건 사람이 자라고 성숙해지는 것이 그의 행복을 위해 필요할 때뿐인 것과 꼭 마찬가지이다.

실제로 우리가 '생명'이라고 할 때 생명의 유사품이 아니라 정말 생명을 의미한다면, 즉 생명이 전체의 기초라면, 그 기초는 생명이 만들어 내는 것에 의해 좌우될 수 없다. 결과에서 원인이 나올 수 없고, 참된 삶의 흐름은 그것이 발현되어 변화한 결과물로 파괴될 수 없다. 사람에게 종기가 생기거나, 박테리아에 감염되거나, 그를 권총으로 쏘았다는 이유로 이 세계에서 시작되어 아직 끝나지 않은 인간 생명의 운동이 중단될 수는 없는 일이다.

사람은 이 세상에서 이미 그의 참된 삶의 행복이 확대될 수 없어서 죽는 것이지, 폐가 아프거나 암에 걸렸거나 그에게 총을 쏘았거나 폭탄을 던져서 죽는 게 아니다. 보통 우리는 육체적 삶을 사는 것이 자연스럽고, 불, 물, 추위, 번개, 병, 권총, 폭탄 때문에 죽는 것은 부자연스럽다고 생각한다. 그런데 정반대로 사람이 이렇게 파괴적 조건, 즉 대부분이 치명적인 무수한 박테리아가 여기저기 퍼져 있어서 육체적 삶을 사는 게 더 부자연스럽다는 것을 깨닫기 위해서는 사람들의 삶을 객관적으로 바라보며 진지하게 생각해 볼 필요가 있다.

그가 죽는 것은 자연스러운 일이다. 그러므로 이렇게 파괴적 조건에서 육체적 생명은 물질적 의미에서 정반대로 가장 부자연스러운 일이다. 만약 우리가 산다면, 그것은 우리가 자신을 아껴서가 아니라, 자신에게 모든 삶의 조건을 복종시키는 생명의 과업이 우리 안에서 이루어지고 있기에 사는 것이다. 생명의 과업이 끝나면 인간의 동물적 삶의 중단 없는 파괴를 멈출 수 있는 것은 이미 아무것도 없다. 이 파괴가 완료되면 사람을 늘 둘러싸고 있는 육체적 죽음의 가장 가까운 원인 중 하나가 우리에게 유일무이한 원인으로 생각되는 것일 뿐이다.

우리의 참된 삶은 존재하고, 우리는 그것 하나만을 알고 있다. 우리는 이 참된 삶에서 나온 것 중 하나로 동물적 삶을 안다. 따라서 만약 동물적 삶의 유사품이 불변의 법칙에 종속되어 있다면, 그 유사품을 발생시키는 참된 삶이 어떻게 법칙에 종속되지 않을 수 있겠는가?

그러나 우리가 외적 현상에서 원인과 작용을 알아보듯 참된 삶의 원인과 작용을 알아볼 수 없다는 게 우리를 당혹스럽게 만든다. 우리는 왜 어떤 사람은 그런 자신의 '나'라는 특성을 갖고 삶에 진입하고, 다른 이는 또 다른 특성을 갖고 삶에 진입하는지, 왜 어떤 사람의 삶은 중단되고, 왜 다른 사람의 삶은 지속되는지 그 이유를 알 수 없다. 우리는 자신에게 묻는다. 내가 존재하기 전에 지금의 내 모습으로 나를 태어나게 만든 원인은 무엇일까. 내가 어떻게 사느냐에 따라 내 죽음 이후에는 어떤 일이 일어날까. 우리는 이 질문들에 답을 얻을 수 없어서 마음이 안타깝다.

그러나 내 생애 이전에 무엇이 있었는지, 내 죽음 이후에 무슨 일이 있을지 지금 알 수 없다고 안타까워하는 것은 내 시야에서 벗어난 곳에 무엇이 있는지 볼 수 없다고 안타까워하는 것과 마찬가지이다. 내가 시야 밖에 있는 것을 볼 수 있다면, 시야 안에 있는 것을 볼 수 없을 것이다. 그런데 내 동물적 행복을 위해서는 내 주변에 있는 걸 보는 게 무엇보다 내게 더 필요하지 않겠는가.

내가 인식하는 수단인 이성에 대해서도 똑같은 말을 할 수 있다. 만약 우리가 우리 이성의 한계 너머에 있는 것을 볼 수 있다면, 그 경계 안에 있는 건 볼 수 없을 것이다. 내 참된 삶의 행복을 위해 무엇보다 먼저 알아야 할 것은, 삶의 행복을 얻기 위해 내가 여기서 지금 자신의 동물적 자아를 무엇에 복종시켜야 할지에 대한 것이다. 이성은 내게 그것을 알려 주고, 이승에서 내가 행복의 중단을 보지 않을 수 있는 유일한 길을 가르쳐 준다.

이성은 생명의 탄생과 함께 시작된 게 아니라, 이미 존재했고 언제나 존재한다는 것을 확실하게 보여 준다. 그리고 이 생명의 행복이 자라나 이곳에서 감당할 수 없을 정도로 확대되면, 그 확대를 막는 모든 조건에서 벗어나 다른 존재로 이전된다는 것을 보여 준다. 이성은 사람을 생명의 유일한 길 위에 세워 두는데, 그 길은 점점 더 넓어지는 원뿔형의 터널처럼 사방으로 그를 둘러선 벽 사이로 저 멀리 생명과 분명한 행복의 무한대를 열어 보여 준다.

제34장

지상의 존재가 겪는 고통을
설명할 수 없다는 것은
사람의 삶이 탄생에서 시작해
죽음으로 끝나는 개체로서의
삶이 아니라는 것을
가장 확실하게 증명해 준다

그러나 사람이 죽음을 두려워하지 않고 죽음을 생각하지 않을 수 있다고 할지라도, 삶에 부여하는 합리적인 모든 의미를 파괴하기에는 그가 겪는 고통 하나만으로도, 즉 무엇으로도 정당화되지 않고 결코 예방할 수 없는 끔찍하고 목적 없는 고통 하나만으로도 충분할 것이다. 나는 선하고, 틀림없이 다른 사람에게 유익한 일을 하고 있는데, 갑자기 병이 나를 사로잡아 내 일을 망가뜨리며 아무 설명도 의미도 없이 나를 괴롭히고 고통스럽게 만든다. 레일에 나사못이 썩어서 튀어나온 바로 그날 어머니인 한 여인이 그 기차를 타고 객차 안에 있다가 눈앞에서 자기 아이들이 깔려 죽는 걸 보는 일이 일어난다. 리스본이나 베르니 같은 장소에서 지진이 일어나 아무 죄도 없는 사람들이 산 채로 땅에 묻혀 무서운 고통 가운데 죽어 간다. 이 모든 일에 무슨 의미가 있을까. 어째서, 무엇을 위해 이런 사고들이, 사람들을 놀라게 하는 무의미하고 끔찍한 수천 개의 고통스러운 사고들이 일어날까.

이런 일들은 이성으로 아무리 설명을 해 봐야 설명이 되지 않는다. 이러한 모든 현상에 대한 이성적 설명은 언제나 문제의 가장 핵심을 벗어나고, 해결 불가능하다는 것만을 더 확실하게 보여 준다. 내가 병에 걸린 건 어떤 미생물이 어디선가 날아와서이다. 아이들이 어머니가 보는 앞에서 기차에 깔려 죽은 건 습기가 철에 작용하는 바람에 그렇게 된 것이다. 베르니가 무너진 건 어떤 지질학적 법칙이 존재하기 때문이다. 그러나 문제는 왜 바로 그 사람들이 바로 그런 끔찍한 고통을 겪느냐는 것이고, 나는 그런 고통스러운 사고들을 어떻게 하면 모면할 수 있느냐는 것이다.

이에 대한 답은 없다. 반대로, 한 사람은 겪고 다른 이는 사고들을 겪지 않게 하는 법칙은 없고 있을 수도 없으며, 그와 비슷한 사고들은 수도 없이 많이 일어나고, 그러므로 내가 무슨 짓을 해도 내 삶은 매 순간 가장 끔찍한 고통의 무수한 사고들을 만나게 되리라고 판단할 수 있을 뿐이다.

만약 사람들이 자신들의 세계관에서 필연적으로 도출되는 결론만 내린다면, 자신의 삶을 개인적 생존으로 이해하는 사람들은 단 한순간도 살아남지 못할 것이다. 어떤 주인이 노동자를 고용하면서 본인이 원하는 아무 때나 천천히 타오르는 불에 그 노동자를 산 채로 굽거나 산 채로 껍질을 벗기거나 혈관을 잡아 뽑을 권리가 있다고 말한다면, 그리고 아무 설명과 이유 없이 다른 피고용인들 앞에서 자신의 노동자들에게 온갖 끔찍한 짓을 자행할 권리가 있다고 스스로 말한다면, 그 주인의 집에서 살려고 하는 노동자는 한 사람도 없을 것이다. 만약 사람들이 그들이 말하듯 자신들이 이해하는 대로 삶을 정말로 그렇게 이해한다면, 자기 주변에서 보고 또 언제든 자기도 겪을 수 있는 괴롭고 무엇으로도 이해되지 않는 온갖 고통에 대한 공포 하나 때문만으로도 세상에 살아남을 사람은 한 사람도 없을 것이다. 그런데 사람들은 그렇게 잔혹하고 의미 없는 고통으로 점철되는 이승을 떠날 수 있는 여러 손쉬운 자살 수단들을 알고 있는데도 불구하고 살아간다. 고통으로 인해 불평하고 울면서도 계속해서 살아가는 것이다.

이승에서의 기쁨이 고통보다 더 크기에 이런 일이 일어난다고 말할 수 없는 이유는 첫째, 삶에 대한 단순한 판단뿐 아니라 철학적 연구가 지상의 모든 삶이 기쁨으로 보상될 수 없는 고통의 연속임을 보여 주기 때문이다. 둘째, 죽을 때까지 더 나아질 기미 없이 계속 강해지기만 하는 일련의 고통 외에 다른 것이라고는 아무것도 없는 상황에서도 사람들은 여전히 자살하지 않고 삶을 유지한다는 것을 우리는 우리 자신과 다른 사람을 통해 알고 있기 때문이다.

단 하나만 이렇게 이상한 모순을 설명해 줄 수 있다. 사람들 모두 영혼 깊은 곳에서 온갖 고통이 그들의 삶의 행복을 위해 필요하고 필수적임을 알고 있고, 바로 그렇기에 고통을 예견하거나 고통을 당하면서도 계속 살아가는 것이다. 그들은 고통에 반감을 느끼며 격분한다. 그 이유는 자아의 행복만을 요구하는 삶에 대한 거짓된 시선으로 봤을 때 명백한 행복으로 인도되지 않는 이 행복의 파괴가 어쩐지 이해되지 않고 그러므로 매우 불쾌한 것으로 느껴지지 않을 수 없기 때문이다.

그리고 사람들은 고통 앞에서 공포를 느끼고 뭔가 전혀 예상치 못하고 이해되지 않는 것처럼 놀라워한다. 그런데 모든 사람이 고통으로 성장한다고 한다면, 그리고 모든 삶이 그가 겪고 또 다른 존재들도 겪는 일련의 고통이라고 한다면, 이제는 그도 고통에 익숙해지고 고통 앞에서 두려움에 떨지 않고, 이 고통의 이유가 무엇이고, 그 목적이 무엇인지 자문하지 않을 때가 된 것은 아닐까. 조금만 생각해 보면 모든 사람이 그의 모든 기쁨은 다른 존재들의 고통을 통해 얻은 것이고, 고통 없이 기쁨은 존재하지 않으며, 고통과 기쁨은 서로를 불러오고 서로에게 필수적인 양극단의 상태임을 알게 될 것이다. 그렇다면 이성적 사람이 스스로 제기하는 질문, 즉 고통의 이유와 목적이 무엇이냐는 질문은 무슨 의미가 있겠는가. 고통이 기쁨과 연결되어 있음을 아는 사람은 "왜일까? 이 고통은 무엇을 위한 것일까?"라고는 묻는다. 그런데 "왜일까? 이 기쁨은 무엇을 위한 것일까?"라고는 왜 묻지 않는 걸까?

동물이나 동물로서의 사람의 모든 삶은 끊이지 않는 고통의 연속이다. 동물이나 동물로서의 사람의 모든 활동은 고통을 통해서만 발생한다. 고통은 병적인 감각인데, 병적인 감각은 활동을 불러일으키고, 그 활동은 병적인 감각을 없애며 기쁨의 상태를 가져온다. 그리고 동물이나 동물로서의 사람의 삶은 고통으로 파괴되지 않을 뿐 아니라 오히려 고통 덕분에만 완성된다. 따라서 고통은 삶을 움직이는 핵이고, 그러므로 반드시 존재해야만 하는 것이다. 그러니 고통은 왜, 무엇을 위해 존재하느냐고 물을 때, 그 사람은 과연 무엇을 묻고 있는 것일까?

동물은 이런 질문을 하지 않는다.

배고픈 농어가 잉어를 괴롭히고, 거미가 파리를 괴롭히고, 늑대가 양을 괴롭힐 때 그들은 반드시 해야 할 일을 하는 것이고 마땅히 일어나야 할 일이 성취되고 있다는 것을 안다. 그러므로 농어도, 거미도, 늑대도 가장 강한 자들로 인해 고통을 당하게 될 때 도망치고 반격하고 벗어나면서도 마땅히 일어나야 할 일이 일어나고 있다고 안다. 그러므로 그들은 마땅히 일어나야 할 일이 일어나고 있다는 것에 대한 의심을 조금도 하지 않는다. 그러나 다른 사람의 다리를 전쟁터에서 절단한 사람이 정작 자기 다리가 절단되어 다리의 치료에만 전념할 때, 혹은 그 자신이 사람들을 직·간접적으로 감옥에 보내고는 정작 본인이 갇힌 후에는 푸른 외로운 감방에서 어떻게 하면 가장 좋은 방법으로 시간을 보낼지 골몰할 때, 혹은 수천의 생명체를 잘라서 잡아먹고는 정작 그를 찢어발기는 늑대를 보고 도망치려고 발버둥 칠 때, 그런 사람들은 그에게 일어난 모든 일이 마땅히 일어나야 할 일이었다고 말할 수 없다. 그들은 자기에게 일어난 일을 마땅히 일어나야 할 일로 인정할 수 없는데, 왜냐하면 그런 고통을 당한 자신들이 마땅히 했어야만 할 일을 전부 하지 않았기 때문이다. 마땅히 했어야만 할 일을 다 하지 않았기 때문에 그들이 보기에 그들에게 일어나서는 안 되는 일이 일어난 것 같은 것이다.

그러나 늑대들로부터 도망가고 벗어나는 것 외에 늑대에게 찢기는 사람이 해야만 할 일은 무엇인가. 이성적 존재로서 사람이 고유하게 해야 할 일은 고통을 불러일으키는 죄를 의식하고 회개하고 진리를 의식하는 것이다.

동물은 현재에만 고통을 당하므로 동물의 고통으로 인해 야기되고 현재의 자기 자신에게만 집중된 모든 활동은 동물을 완전하게 만족시킨다. 사람은 현재만이 아니라, 과거에도, 미래에도 고통을 당하기 때문에 사람의 고통으로 인해 야기된 활동이 동물적 인간의 현재에만 집중된다면 그를 만족시킬 수 없다. 고통의 원인과 결과, 과거와 미래 모두에 집중된 활동만이 고통당하는 사람을 만족스럽게 해 줄 수 있다.

동물이 자기가 갇힌 우리에서 벗어나려고 몸부림치거나, 다리가 부러져서 아픈 부위를 핥거나, 다른 짐승에게 잡아먹히는 중에 벗어나려고 한다고 치자. 그의 생명 법칙이 내부로부터 파괴되었기 때문에 그는 그 법칙을 복원하기 위한 활동에 집중하는 것인데, 이는 그가 마땅히 해야 할 일이다. 그러나 사람, 즉 나 자신 혹은 내게 가까운 사람이 감옥에 있다고 치자. 아니면 나 자신 혹은 내 지인이 전장에서 다리를 잃었거나 늑대가 나를 갈 가리 찢고 있다고 치자. 감옥에서 도망치고 다리를 치료하고 늑대에게서 벗어나고자 하는 활동은 감옥에의 감금, 다리의 통증, 늑대의 공격이 내 고통의 아주 작은 부분만을 구성하므로 나를 만족시키지 못한다. 나는 과거, 나와 다른 이들의 잘못에서 내 고통의 원인을 보고, 만약 내 활동이 고통의 원인, 즉 잘못에 집중되지 않는다면, 그래서 내가 고통에서 벗어나고자 애를 쓰지 않는다면, 즉 마땅히 해야 할 일을 하지 않는다면, 그런 이유로 인해 고통은 내게 마땅히 일어나지 않아야 할 일로 생각되며 현실에서뿐 아니라 상상 속에서도 생명의 가능성을 배제하는 끔찍한 크기로 자라나는 것이다.

동물에게 고통의 원인은 동물적 생명 법칙이 파괴되었기 때문이고 이 파괴는 고통을 의식함으로써 나타난다. 그리고 법칙의 파괴로 야기된 활동은 고통의 제거를 지향한다. 이성적 의식이 감지하는 고통의 원인은 이성적 의식이 가진 생명 법칙이 파괴되었기 때문이다. 이 파괴는 잘못과 죄를 의심함으로써 드러나고, 법칙 파괴로 야기된 활동은 잘못, 즉 죄의 제거를 지향한다. 동물의 고통이 통증을 달래기 위한 활동을 야기하고, 그 활동이 통증의 괴로움을 없애듯이, 이성적 의식의 고통은 잘못을 바로잡으려는 활동을 야기하고, 이 활동은 잘못의 괴로움에서 벗어나게 만든다.

고통을 겪거나 상상할 때 인간의 마음에 일어나는 질문, "즉 왜? 무엇을 위한 것인가?"라는 질문은 사람이 고통으로 인해 야기되어야만 하는 활동과 또 고난의 괴로움에서 벗어나게 해 주는 활동을 자기 안에서 인식하지 못했다는 것만을 보여 준다. 사실, 자기 삶을 동물적 생존으로만 인식하는 사람이 고통에서 벗어나는 활동을 하는 건 불가능하다. 그가 자기 삶을 덜 이해하면 할수록 그런 활동을 더욱 덜 하게 되는 것이다.

삶을 개인적 생존으로 인지하는 사람이 개인적 잘못에서 개인적 고통의 원인을 찾을 때, 즉 나쁜 음식을 먹어서 아프거나, 그 스스로 싸우러 가서 맞았다거나 일하려고 하지 않아서 배고프고 헐벗었다고 이해할 때, 그는 자기가 하지 말아야 할 일을 해서 그리고 앞으로도 하지 말아야 할 일을 해서 고통을 겪는다고 생각한다. 그리고 그는 잘못을 없애기 위해 활동의 방향을 잡고 고통을 원망스러워하지 않으며 또 고통을 쉽게 그리고 자주 기쁘게 감내한다. 그러나 고통과 잘못 간의 가시적 관계의 경계를 뛰어넘는 고통이 그런 사람을 덮치면, 즉 늘 그의 개인적 활동 밖에 있었던 원인으로 고통을 당하거나 그 고통의 결과가 그에게도 다른 개인에게도 아무짝에도 도움을 줄 수 없다면, 즉 그가 보기에는 마땅히 일어나지 말아야 할 일이 그에게 일어난 것만 같다면, 그는 "왜? 무엇 때문이냐?"고 자문한다. 그리고 활동의 방향을 돌릴 대상을 발견하지 못하면 그는 고통을 원망한다. 그리고 그의 고통은 끔찍한 괴로움이 된다. 인간의 고통 대부분은 바로 그와 같은 것들로 원인 혹은 결과가, 때로는 그 둘 다가 시간과 공간상 그에게 감춰져 있다. 그건 유전적 질병, 불행한 사고들, 흉작, 참사, 화재, 지진 등과 같은 것들로서 죽음으로 끝이 난다.

후손에게 질병으로 나타나게 될 욕정에 몸을 맡기지 않도록 다음 세대에게 교훈을 줄 필요가 있다거나, 기차를 더 잘 만들거나 불을 더 조심스럽게 다룰 필요가 있다는 식의 설명 모두는 내게 아무 답이 되지 않는다. 나는 내 삶의 의미를 다른 사람들의 부주의를 설명해 주는 삽화로 인정할 수 없다. 내 인생은 내 행복을 열망하는 마음으로 가득 찬 내 인생이지 다른 사람들의 인생을 위한 반면교사가 아니다. 그리고 이러한 설명은 이야깃거리로는 적당할지 모르지만, 삶의 가능성을 배제하며 나를 위협하는 고통의 무의미성 앞에서 느끼는 공포를 완화해 주지 못한다.

그러나 자기 잘못으로 다른 사람들을 고통스럽게 만들었기 때문에 내가 자신의 고통으로 다른 사람의 잘못을 대신 지고 간다는 것을 어떻게든 이해할 수 있다고 쳐도, 모든 고통이 이승에서 사람들이 고쳐야만 하는 잘못을 지시한다는 것을 막연히 이해할 수 있다고 쳐도, 그래도 여전히 그 무엇으로도 설명되지 않는 일련의 엄청난 고통은 그대로 남아 있다. 숲에 홀로 있는 사람을 늑대들이 찢어 죽이고, 물에 빠져 죽거나 얼어 죽거나 그냥 홀로 앓다가 죽지만, 그가 얼마나 고통을 당했는지는 아무도 절대로 알지 못하는 것이다. 그런 경우가 수천 가지이다. 이것이 누구에게 무슨 유익을 주겠는가.

자신의 삶을 동물적 생존으로 이해하는 사람에게는 그 어떤 설명도 존재하지 않고 또 존재할 수도 없다. 그런 사람에게 고통과 잘못 사이에 연관성은 그에게 가시적 현상 안에서만 존재하고, 이 연관성은 죽음 직전의 고통을 겪을 때 이미 그의 지적인 시야에서 완전히 사라지기 때문이다.

사람에게는 두 개의 선택지가 있다. 하나는 겪는 고통과 삶 사이의 연관성을 인정하지 않고 대부분의 고통을 아무 의미 없는 괴로움으로 그냥 계속 겪어 내는 것이다. 아니면 내 잘못과 그 결과로 인한 행동들, 즉 그것이 무엇이든 내 죄가 내 고통의 원인이고 내 고통은 내 죄와 그게 누구든 다른 이들의 죄로부터의 구속이자, 속죄임을 인정하는 것이다.

고통에 대해서는 두 가지 태도만이 가능하다. 하나는 고통이 마땅히 있어서는 안 될 것인데, 왜냐하면 내가 그 외적 의미를 보지 못하기 때문이고, 다른 하나는 내가 내 참된 삶을 위해 그 내적 의미를 알기 때문에 고통은 마땅히 있어야 하는 것이라는 태도이다. 첫 번째 태도는 나의 독립된 개인적 삶의 행복을 행복으로 인정하는 데서 나온다. 다른 태도는 다른 사람들과 다른 존재들과 뗄 수 없이 연결된 내 전 생애의 행복을 행복으로 인정하는 데서 나온다. 첫 번째 관점에서 고통은 전혀 설명되지 않은 채 끊임없이 자라나서 무엇으로도 해결되지 않는 절망과 악의 이외에 다른 어떠한 행동도 불러일으키지 않는다. 두 번째 관점의 경우 고통은 참된 삶의 진행을 구성하는 활동, 즉 죄의 의식, 잘못에서의 해방과 이성 법칙에의 복종을 불러일으킨다.

사람의 이성이 아니라면, 고통의 괴로움은 그의 삶이 그의 개체에 부합되지 않는다는 것과, 그의 개체는 그의 전 생애의 가시적 일부일 뿐임을 깨닫게 해 준다. 그리고 고통의 괴로움은, 그의 개체로부터 그의 눈에 보이는 원인과 행동 간의 외적 연관성이 그의 이성적 의식을 통해 늘 사람에게 알려지는 원인과 행동의 내적 연관성과 일치하지 않는다는 것을 어쩔 수 없이 인정하게 만든다.

동물에게는 잘못과 고통 사이의 연관성이 오직 시간적이고 공간적인 조건 안에서만 보이지만, 사람에게는 그 연관성이 언제나 이러한 조건들 밖에 있는 그의 의식을 통해 분명하게 보인다. 사람은 어떠한 고통이든 그 고통을 어떠한 죄든 자기 죄의 결과로 늘 의식하고 자기 죄의 회개가 그를 고통에서 벗어나게 해 주고 행복을 성취하게 해 줄 것이라고 의식한다.

사람의 전 생애는 유년기의 첫날부터 고통을 통해 죄를 의식하고 그 잘못에서 의식과 자신을 벗어나게 하는 것으로 구성된다. 나는 진리에 대한 일정한 지식을 갖고 이승에 들어왔고 내 안에 잘못이 커지면 커질수록 나와 다른 사람들의 고통이 더 커졌다는 것을 알고 있다. 그리고 나는 내가 잘못에서 자유롭게 되면 될수록 나와 다른 사람들의 고통이 적어지고 나는 더 큰 행복에 도달했다는 것을 알고 있다. 그러므로 내가 이 세상에서 빼 가는 진리에 대한 지식, 그리고 마지막이라고 할지라도 죽음 직전에 나의 고통이 내게 주는 진리에 대한 지식이 커지면 커질수록 나는 더 큰 행복에 도달한다는 것을 알고 있다.

세상의 삶과 자신을 분리하고 고통을 세상에 가져온 자기 죄를 보지 못한 채 자기가 죄가 없다고 간주하고, 그러므로 세상의 죄로 인해 자신이 져야 하는 고통 때문에 격분하는 사람만이 고통의 괴로움을 겪는다.

그리고 이성에 명백한 점, 생각으로도 놀라운 바로 그 점은 인생에서 유일하게 참된 활동인 사랑 안에서 확인된다. 이성은 자기 죄와 고통 간의 연관성, 세상의 죄와 고통 간의 연관성을 인정하는 사람이 고통의 괴로움에서 벗어난다고 말한다. 그리고 사랑은 실제로 그것을 확증해 준다.

각 사람 인생의 절반은 고통 가운데서 흘러가지만, 사람은 그 고통을 극심하게 괴롭다고 인정하지 않고 알아채지도 못할 뿐아니라 행복으로 간주하기까지 한다. 그 이유는 오로지 사람들이 그 고통을 잘못의 결과로, 사랑하는 사람들의 고통을 덜어 주려는 수단으로 감수하고 있기 때문이다. 그러므로 사랑이 덜하면 할수록 사람은 고통의 괴로움을 더 많이 겪고, 사랑이 많으면 많을수록 고통의 괴로움을 덜 겪는다. 완전히 이성적 삶, 즉 사랑으로만 발현되는 모든 활동은 모든 고통의 가능성을 없애 버린다. 고통의 괴로움이란 조상, 후손, 동시대인을 향한 사랑의 고리, 그리고 인간의 삶과 세상의 삶을 연결하는 사랑의 고리를 끊으려고 할 때 사람들이 겪는 통증에 불과하다.

제35장

육체적 고통은
인생과 행복의
필수적인 조건이다

"그러나 그래도 여전히 아프다. 육체적으로 아프다. 이 고통은 무엇 때문인가?"라고 사람들은 묻는다. "그것이 우리에게 필요할 뿐 아니라, 아프지 않고서는 우리가 살 수가 없기 때문이다"라고 우리를 아프게 만든 분, 가능한 한 적게 아프게 만들고, 가능한 한 이 '통증'으로 인한 행복이 크게끔 만든 분은 이렇게 대답할지 모른다. 우리가 처음 느낀 통증의 감촉은 우리의 육체 보존과 우리의 동물적 삶의 연장을 위한 최초의 중요 수단이었음을 누가 모르겠는가.

만약 그것이 없었다면 우리는 모두 아이일 때 장난을 치다가 타 죽었든지 자기 몸을 모두 조각내었을지 모른다. 육체적 통증은 동물적 개체를 보호한다. 그리고 아이에게 일어나듯 통증이 개체의 보호에 이바지하는 한, 이 통증은 끔찍한 고통일 수 없다. 이성적 의식이 온전한 힘을 발휘하며 마땅히 존재해서는 안 되는 것으로 통증을 인식하고 통증에 저항할 때 우리는 그 고통을 끔찍한 것으로 인식한다. 동물과 어린아이의 통증은 아주 일정하고 크기가 작아서 이성적 의식을 부여받은 존재가 도달하는 괴로움에는 절대로 미칠 수 없다. 우리는 아이들이 벼룩에게 물렸을 때, 마치 내부 장기가 손상되어 아픈 것처럼 애처롭게 우는 것을 본다. 그리고 지능이 없는 존재의 통증은 기억에 그 어떠한 흔적도 남기지 않는다. 각 사람에게 자신의 어린 시절에 겪은 통증의 고통을 상기하라고 하면, 그에게 그 기억은 전혀 없을 뿐 아니라 상상으로도 그 통증을 재구성할 수 없다는 것을 알게 될 것이다. 아이와 동물들의 고통을 볼 때 우리가 느끼는 인상은 그들의 고통이라기보다는 우리의 고통일 때가 더 많다. 비이성적 존재들이 보여 주는 고통의 외적 표현은 고통 자체보다 헤아릴 수 없이 크므로 우리의 동정을 불러일으킨다. 뇌의 질병과 열병, 장티푸스와 임종 시 겪는 온갖 고통 시에도 마찬가지이다.

아직 이성적 의식이 깨어나지 않았고 통증이 개체의 방어에만 이바지하는 동안에는 고통이 괴롭지 않다. 사람 안에 이성적 의식의 가능성이 있는 동안에는 고통이 동물적 자아를 이성에 복종시키는 수단이고, 이 의식이 깨어나는 정도에 따라 고통은 점점 덜 고통스러워진다.

본질적으로 이성적 의식을 완전히 갖추었을 때야 우리는 비로소 고통에 대해 말할 수 있다. 왜냐하면 오직 그 순간부터 삶이 시작되고 우리가 고통이라고 부르는 삶의 상태가 시작되기 때문이다. 이런 상태에서 고통의 지각은 가장 큰 정도로 확대될 수도 있고, 가장 하찮은 정도로 축소될 수도 있다. 실제로 생리학을 공부하지 않아도 감각기관에는 한계가 있고 고통이 일정한 정도로 강해지면 감각이 사라져서 기절, 혼수상태, 발열이 일어나거나 죽음에 이를 수 있다는 것을 누구나 알고 있다. 그러므로 고통의 증가는 매우 정확하게 정해진 크기가 있어서 자기 한계를 벗어날 수 없다. 고통의 지각은 고통에 대한 우리 태도로 인해 무한대로 커질 수도 있고 또 무한대로 작아질 수도 있다.

사람이 통증에 몸을 맡기고 그것을 마땅히 있어야 할 것으로 인식할 때 무감각 상태에 이르거나 심지어 그것을 감내하는 기쁨을 경험할 수 있다는 것을 우리 모두 잘 알고 있다. 화형대에서 찬양한 후스[48]나 순교자들에 대해서는 말할 것도 없고, 평범한 사람들도 자신의 용기를 과시하고자 하는 열망 하나 때문에 비명을 지르고 몸을 비트는 일 없이 가장 고통스럽다는 수술을 감내한다. 통증의 증가에는 한계가 있지만, 통증 지각 감소에는 한계가 없다.

통증의 괴로움은 자신의 삶을 육체적 생존에 두는 사람들에게 참으로 끔찍한 일이다. 고통의 괴로움을 없애기 위해 사람에게 주어진 이성의 힘이 오히려 그 괴로움을 확대하는 방향으로

---

[48] 얀 후스(1369?~1415) : 보헤미아 왕국의 체코인 성직자. 마르틴 루터보다 100년 앞선 종교 개혁자이다. 프라하의 카렐 대학교의 교수이자 총장을 역임했다. 가톨릭의 부패를 비판하여 성경의 무오성과 권위를 주장했다. 화형 선고를 받고, 찬송하며 화형을 당한다.

나아갈 때 어떻게 그것이 끔찍한 것이 되지 않을 수 있겠는가.

처음에는 신이 인간에게 70년이라는 삶의 기간을 정해 주었지만, 사람이 이로 말미암아 더 힘들다는 것을 알고 나중에는 지금처럼 사람이 자신의 사망 시간을 모르도록 바꾸었다는 플라톤의 신화처럼 사람들이 처음에는 통증의 지각 없이 창조되었지만, 나중에는 그들의 행복을 위해 지금처럼 만들어졌다는 신화는 지금 모습의 합리성을 올바르게 판정해 주는 말인지도 모른다.

만약 신들이 통증의 지각 없이 사람을 창조했다면, 사람들이 즉시 그것을 달라고 요구했을지도 모른다. 여인들이 산고 없이 아이들을 출산한다면 그런 조건에서 살아남을 여인은 거의 없었을 것이다. 아이들과 젊은이들은 자기 전신을 망쳤을 것이고, 성인들은 예전에 살았고 현재 살고 있는 다른 사람들의 잘못도, 더 중요하게는 자기 잘못도 깨닫지 못하고, 이승에서 그들에게 필요한 게 무엇인지도 몰랐을 것이며, 활동의 합리적인 목표도 갖지 못했을 것이고, 육체적 죽음이 도래할 것이라는 생각과도 절대로 타협하지 못하고 사랑도 품지 못했을 것이다.

삶을 자아가 이성 법칙에 복종하는 것으로 이해하는 사람에게 통증은 악이 아닐 뿐 아니라, 동물적 삶만큼이나 이성적 삶에 필수적인 조건이다. 통증이 없다면 동물적 개체는 자기 법칙으로부터 일탈했다는 것을 알려 주는 수단을 가지지 못할 것이다. 이성적 의식이 고통을 경험하지 못한다면, 사람은 진리를 인식하지 못하고 자신의 법칙을 알지 못할 것이다.

그러나 사람들은 이에 대해 이렇게 말할 것이다. "자신의 개인적 고통에 대해서는 그렇게 말할 수 있다. 그렇지만 다른 사람의 고통을 어떻게 부인할 수 있겠는가?" 그런 고통을 보는 게 가장 괴로운 고통이라고 사람들은 전혀 진실성이라고는 없이 말할 것이다. 다른 사람들의 고통이라고? 다른 사람들의 고통, 즉 당신이 고통이라고 부르는 건 멈춘 적이 없고 또 지금도 멈추지 않고 있다. 사람들과 동물들로 이루어진 전 세계는 고통을 당하고 있고 또 고통당하기를 멈춘 적이 없다. 과연 우리가 이것을 오늘날에야 깨달았다는 말인가.

부상, 불구, 굶주림, 추위, 질병, 온갖 불행한 사고들, 중요하게는, 세상에 나올 때 우리 모두 통과한 출산 등 이 모든 고통이 생존의 필수적 조건이다. 고통을 감소시키고 또 고통에 도움을 주는 것, 바로 이것이 사람들의 이성적 삶의 내용을 이루는 것이고, 삶의 참된 활동이 지향하는 바이다. 개인들이 겪는 고통의 원인과 사람들 잘못의 원인을 이해하고 감소시키기 위해 활동하는 것이 인생이 하는 일의 전부이다. 내가 사람, 즉 개체인 것은, 다른 개체들의 고통을 이해하기 위함이고, 내가 이성적 의식인 것은, 개별적 개인들의 고통에서 고통의 일반적 원인인 잘못을 보고 자신과 다른 이들 안에서 그것을 없애기 위함이다. 일꾼에게 일의 재료가 어떻게 고통이 될 수 있겠는가. 마찬가지로 농부가 어떻게 경작되지 않은 땅을 고통이라고 말할 수 있겠는가. 경작되지 않은 땅이 고통일 수 있는 것은 경작지를 개간된 모습으로 보고 싶은데 경작하는 것을 자기 삶의 임무라고 생각하지 않는 사람에게뿐이다.

고통받는 사람들을 사랑으로 직접 섬기고 고통의 일반적 원인인 잘못을 없애는 활동은 사람이 해야 하는 유일하게 기쁜 작업이고, 그 작업은 그의 삶의 의미인 고유한 행복을 그에게 준다.

사람에게 고통은 단 하나뿐인데, 그것은 그에게 유일한 행복인 그러한 삶에 좋든 싫든 헌신하게 만드는 고통이다.

이 고통은 자신과 전 세계에 죄가 있다는 것과 다른 누가 아니라 나 자신이 내 개인의 삶과 전 세계의 삶에서 모든 진리를 실현할 가능성뿐 아니라, 또 그럴 의무가 있다는 생각 사이의 모순을 의식하는 데서 생긴다. 세상의 죄에 참여하며 자신의 죄를 외면하는 것으로는 이 고통이 해소되지 않는다. 더구나 다른 사람이 아닌 바로 내가 내 삶과 세상의 삶에서 진리를 모조리 실현할 가능성이 있을 뿐 아니라, 그럴 의무가 있다는 사실을 그만 믿는 것으로는 더욱 고통이 해소되지 않는다.

첫 번째 태도는 내 고통을 확대하기만 할 뿐이고, 두 번째 태도는 내게서 살아갈 힘을 빼앗는다. 이 고통을 해소하는 방법은 개인적 삶과 사람에 의해 의식되는 목적 간의 불균형을 없애는 참된 삶을 의식하고 활동하는 것뿐이다. 좋든 싫든 사람은 그의 삶이 태어나서 죽을 때까지 존재하는 그의 개체만으로 한정되지 않는다는 것을 인정해야만 한다. 그리고 좋든 싫든 그에 의해 의식되는 목적은 성취가 가능한 것이고, 전 세계의 삶에서 분리되지 않는 그의 삶의 임무는 그 목적의 추구, 즉 점점 더 많이 자신이 죄인임을 의식하고 자신과 세계의 삶 속에서 진리를 점점 더 많이 실현하는 것임을 인정해야만 한다. 이성적 의식이 아니라면 삶의 의미에 대한 잘못된 생각에서 나오는 고통이 좋든 싫든 그를 삶의 유일하게 참된 길로 몰아갈 것이다. 그리고 그 길 위에는 장애도 없고 악도 없고, 있는 것은 오직 하나, 무엇으로도 파괴되지 않으며 시작된 적도 없고 종결될 수도 없으며 계속 늘어나는 행복이다.

인간의 삶은 행복의 추구이고, 그가 추구하는 것은 이미 그에게 주어져 있다.

죽음과 고통의 모습을 취하는 악은 사람이 자신의 동물적이고 육체적 생존 법칙을 자기 삶의 법칙으로 받아들일 때만 사람의 눈에 보인다. 사람이면서도 동물의 수준으로 내려갈 때, 그럴 때만 사람은 죽음과 고통을 보는 것이다. 죽음과 고통은 허수아비처럼 사방에서 그를 무섭게 만들며 그에게 열려 있는 유일한 길, 즉 이성의 법칙에 복종하고 사랑으로 표현되는 길로 그를 내몬다. 죽음과 고통은 인간이 저지르는 생명 법칙을 위반한다. 생명의 법칙에 따라 사는 사람에게는 죽음도 고통도 없다.

"고생하며 무거운 짐을 지고 허덕이는 사람은 다 나에게로 오너라. 내가 편히 쉬게 하리라. 마음이 온유하고 겸손하니 내 멍에를 메고 나에게 배워라. 그러면 너희의 영혼이 안식을 얻을 것이다. 내 멍에는 편하고 내 짐은 가볍다."[49]

　　인생은 행복의 추구이다. 그가 추구하는 건 그에게 이미 주어졌는데, 그것은 죽음일 수 없는 생명과 악일 수 없는 행복이다.

---

[49]　　마태복음 11:28~30

사람들은 흔히 이렇게들 말한다. "우리는 생명을 연구할 때 자기 생명을 의식함으로써가 아니라, 대체로 자기 밖에 있는 생명을 보며 연구한다"고. 그러나 이건 "우리는 대상들을 눈이 아니라, 보통 자기 밖에 있는 어떤 것을 통해 관찰한다"라는 말과 같은 말이다.

우리는 우리 눈으로 보기 때문에 우리 바깥에 있는 대상들을 볼 수 있다. 그리고 우리는 우리 안에 있는 생명을 알고 있기 때문에 우리 바깥에 있는 생명을 알 수 있다. 우리는 대상을 우리 눈으로 보기 때문에 보는 것이고, 우리 바깥에 있는 생명을 규정할 수 있는 것도 우리 안에 있는 생명을 알고 있기 때문이다. 우리는 행복을 추구하는 것으로 자기 안에 있는 생명을 알고 있다. 그러므로 행복을 추구하는 것으로 생명을 규정하지 않고서는 삶을 관찰할 수 없을 뿐 아니라 볼 수조차 없다.

우리가 생명체를 인식하는 첫 번째 중요한 행동은 하나의 생명체라는 개념 안에 여러 대상을 집어넣고, 이 생명체를 다른 모든 존재에서 배제하는 것이다. 우리 모두에 의해 똑같이 의식되는 생명의 규정, 즉 전 세계로부터 떨어져 나온 존재로서 자기 행복을 추구하는 것으로 의식되는 생명의 규정에 기반할 때만 우리는 위의 인식 작업을 수행할 수 있다.

우리는 말 위에 앉은 사람이 다수의 존재도 아니고 하나의 존재도 아니라는 것을 안다. 그 이유는 우리가 사람과 말을 구성하는 모든 부분을 관찰해서가 아니라, 말과 사람의 머리나, 다리나, 다른 부분에서도 우리가 우리 안에서 알고 있는 행복의 개별적 추구를 보지 못하기 때문이다. 우리는 말 위에 앉은 사람이 하나가 아니라 두 개의 존재임을 아는데, 그 이유는 우리가 우리 안에서 하나의 행복 추구를 보듯이, 그들 안에서 두 개의 개별적인 행복 추구를 보기 때문이다.

바로 이런 이유에서만 우리는 기수와 말의 결합에 생명이 있다는 것을, 말 무리에 생명이 있고, 새들에, 곤충에, 나무에, 풀에 생명이 있다는 것을 깨닫는다. 만약 우리가 말이 행복을 추구하고, 사람이 행복을 추구하며, 말 무리 안에 있는 개별적인 각각의 말이 행복을 원하고, 각각의 새, 곤충, 나무, 풀이 행복을 추구한다는 것을 모른다면 존재의 개별성을 보지 못할 수도 있다. 그리고 그 개별성을 알지 못하므로 살아 있는 것을 조금도 이해하지 못할 수 있다. 기마병 연대도, 짐승 떼도, 새들도, 곤충들도, 식물들도 모두 바다의 파도와 같다. 전 세계는 우리에게 하나의 구별되지 않는 움직임으로 합쳐져서 우리는 그 안에서 생명을 전혀 찾을 수 없는지도 모른다.

만약 내가 말도, 강아지도, 강아지 위에 앉은 진드기도 생명체임을 알고 그것을 관찰할 수 있다면, 그건 말, 강아지, 진드기에게 자신의 개별적인 목적, 그들 각자에게 개별적인 행복의 목적이 있기 때문에만 그런 것이다. 나도 행복을 추구하는 존재로 자신을 알기 때문에 이것을 아는 것이다.

이 행복 추구 안에 생명을 다루는 모든 지식의 기초가 있다. 사람이 자기 안에 느끼는 행복의 추구가 생명이고 모든 생명의 특징임을 인정하지 않고서는 생명에 대한 그 어떠한 연구도 불가능하고, 생명에 대한 그 어떠한 관찰도 불가능하다. 그러므로 관찰은 생명이 어떤 것인지 이미 알려져 있을 때만 시작되며 생명의 발현에 대한 그 어떠한 관찰도 생명 자체를 (의사과학이 가정하는 것처럼) 규정할 수 없다.

사람들은 자신의 의식 안에서 발견하는 행복 추구를 생명에 대한 정의로 인정하지 못하지만, 진드기 안에서도 그 추구에 대한 지식의 가능성을 인정한다. 그리고 진드기가 추구하는 행복에 대한 아무 근거도 없이 추정되는 지식에 기초해 관찰하고 생명의 본질 자체에 대한 결론을 내린다.

외적 생명에 대한 나의 모든 개념은 내가 행복을 추구한다는 의식에 근거한다. 그러므로 무엇에 나의 행복과 나의 삶이 있는

지를 인식할 때만 나는 다른 존재들의 행복과 삶이 무엇인지를 알 수 있는 상태가 될 수 있다. 자기 행복과 삶을 알지 못하고서는 다른 존재들의 행복과 삶을 나는 전혀 알 수 없는 것이다.

내 안에서 추구하는 행복을 닮았지만, 내가 모르는 자신들만의 목적을 추구하는 다른 존재들을 관찰하는 것은 삶에 대한 나의 참된 지식을 전혀 밝혀 줄 수 없을 뿐 아니라, 아마도 그 지식을 숨길 것이다.

자기 삶에 대한 정의를 가지지 못한 채 다른 존재들에서 생명을 연구하는 것은 중심을 가지지 못한 채 동그라미를 그리는 것과 마찬가지이다. 중심으로서 흔들림 없는 지점 하나를 설정할 때만 동그라미를 그릴 수 있다. 그러나 어떤 도형을 그리든, 중심 없이는 둥근 원이 나올 수 없다.

의사疑似과학은 생명에 동반하는 현상들을 연구할 때, 생명 자체를 연구한다고 가정하면서 그런 가정으로 생명의 개념을 왜곡한다. 그러므로 의사과학이 생명이라고 부르는 것의 현상을 오래 연구하면 할수록 오히려 연구하고 싶은 생명에 대한 개념에서 더 멀어진다.

처음에는 포유동물이, 나중에는 다른 동물, 즉 척추동물, 어류, 식물, 산호, 세포, 미생물이 연구되다가 살아 있는 것과 살아 있지 않은 것 간의 차이, 유기체와 무기체 간의 경계의 차이, 한 유기체와 다른 유기체 간의 차이가 사라지는 지점에까지 이른다. 연구와 관찰의 중요한 대상이 이미 관찰할 수 없는 것이 되기에 이르는 것이다.

생명의 비밀과 만물에 대한 설명은 난관들 안에, 보이지 않지만 있다고 가정되고, 지금은 발견되지만, 내일이면 잊힐 미생물들 안에 있다고 생각된다. 만물의 설명은 미시적 존재에 포함된 생물들에, 그리고 그 생물들 안에 포함된 미생물들 안에, 또 그것들 안에 포함된 더 작은 미생물들 등의 안에 있다고, 그렇게 무한대로 이어지는데, 작은 게 무한대로 나뉘는 건 거대한 것의 무한성과는 다른 무한성이다. 비밀은 무한대로 작아지는 미생물 전부가 끝까지 연구될 때야 밝혀질 것이므로 그런 날은 절대로 오지 않을 것이다. 그리고 문제가 무한하게 작은 미생물 안에서 해결된다는 개념은 문제의 제기가 잘못되었다는 것의 의심할 여지 없는 증거임을 사람들은 알지 못한다.

광기의 마지막 단계, 즉 연구 의미의 완벽한 소실을 분명히 보여 주는 이 광기의 단계는 오히려 과학의 승리로 여겨진다. 눈 먼 상태의 마지막 단계가 최상의 시력 단계로 여겨지는 것이다. 사람들은 막다른 골목에 이르러서야 자기들이 걸어온 길이 거짓임을 명백히 드러냈지만, 이때도 그들이 느끼는 환희에는 끝이 보이지 않는다. 그들은 현미경의 배율을 조금 더 세게 하면 무기체에서 유기체로, 유기체에서 심리적 존재로의 이전을 이해할 수 있고, 그러면 생명의 모든 비밀이 밝혀지리라고 생각한다.

사람들은 대상들 대신 그림자를 연구하다가 그림자의 본체인 그 대상을 완전히 잊어버렸고, 점점 더 그림자에 깊이 몰입하여 완전한 암흑에 이르자, 그림자가 짙다는 사실에 기뻐하는 꼴이다.

사람의 의식 안에서는 삶의 의미가 행복의 추구라고 밝혀져 있다. 이 행복을 설명하고 그것을 점점 더 정확하게 규정하는 것이 전 인류 삶의 중요한 목적이자 과업이다. 이 과업이 어렵기 때문에, 그러니까 그것이 놀잇감이 아니라, 과업이기에 사람들은 행복의 정의가 행복이 마땅히 있어야 할 곳인 인간의 현명한 의식 안에서는 발견될 수 없다고, 그러므로 그 의식 안만 빼고 다른 곳 어디서든 찾아야 한다고 결론을 짓는다.

이건 그에게 필요한 게 무엇인지 정확한 지시 사항을 메모로 받았지만, 그것을 읽을 줄 몰라서 메모를 버리고는 만나는 모든 사람에게 그에게 필요한 게 뭔지를 묻고 다니는 사람이 하는 짓과 다를 바 없다.

행복 추구라는 삶에 대한 정의는 지워지지 않는 글자로 사람의 영혼에 새겨져 있는데, 그 정의를 사람들은 사람의 의식만 빼고 다른 곳 어디서나 찾는다. 더욱 기이한 건, "너 자신을 알라"고 외친 그리스의 명언으로부터 시작해서 가장 현명한 대변자들을 통해 전 인류는 완전히 반대되는 말을 해 왔고 또 계속해서 말하고 있다는 점이다. 모든 종교적 가르침의 핵심도 삶을 인간이 누릴 수 있는 실질적이고 기만적이지 않은 행복의 추구로 정의하고 있다.

이성의 목소리가 사람에게 점점 더 명료하게 들리면, 사람
은 그 목소리에 더 자주 귀를 기울인다. 그러다 보면 개인적 행복
과 거짓된 의무에 호소하는 목소리보다 이 목소리가 더 강해지
는 시간이 도래한다. 그리고 그런 시간은 이미 도래했다. 그러자
한편으로, 유혹이 많은 개인의 삶이 행복을 줄 수 없다는 사실
이 점점 더 명백해진다. 그리고 다른 한편으로는, 사람들이 지정
하는 모든 의무의 수행은 기만, 그러니까 그의 유일한 의무의 수
행, 즉 그가 나온 현명하고 선한 기원에 따르는 수행의 가능성을
사람에게서 빼앗는 기만에 불과하다는 사실도 점점 더 명백해진
다. 이성적 설명이 없다는 것을 믿기를 요구하는 이 오래된 기만
은 이미 낡을 대로 낡았고, 따라서 다시 그 기만으로 돌아갈 수
없다.

　　예전에는 이렇게들 말했다. "판단하지 말고, 우리가 지정한
의무를 믿어라. 이성은 너를 속일 것이다. 믿음만이 네게 삶의 참
된 행복을 열어 줄 것이다." 그래서 사람은 믿으려고 노력했고 또

믿었지만, 사람들과의 교류는 그에게 다른 사람들이 전혀 다른 걸 믿고 있고 이 다른 것이 더 큰 행복을 준다고 확신하고 있음을 보여 주었다. 그러니 수많은 믿음 중에서 어떤 믿음이 더 맞는지의 문제를 해결하는 게 피할 수 없는 일이 되었다. 이 문제를 해결할 수 있는 건 오직 이성뿐이다.

사람은 만물을 믿음이 아니라 이성을 통해 인식한다. 사람은 이성이 아니라 믿음을 통해서 인식한다고 주장하며 속일 수 있었다. 그러나 두 종류의 믿음을 알고 그가 자기 믿음을 고백하듯 낯선 믿음을 고백하는 사람들을 보게 되면, 피할 수 없이 이성으로 문제를 해결해야 할 필요성에 맞닥뜨리게 된다.

이슬람교를 알게 된 불교 신자는 만약 불교 신자로 남는다면 신앙에 의해서가 아니라, 이성에 따라 그렇게 할 것이다. 그에게 다른 믿음이 제시되면 곧 자기 신앙을 버릴지 아니면 낯선 신앙을 버릴지의 문제가 피할 수 없이 이성에 따라 결정된다. 만약 그가 이슬람교를 알고서도 불교 신자가 된다면, 예전에 가졌던 부처에 대한 이전의 맹목적 믿음은 이미 피할 수 없이 이성적 기초에 입각하게 된다.

우리 시대에 이성을 피해 믿음을 통해 영적 내용을 사람 안에 넣어 주려고 하는 것은 입을 통하지 않고 사람을 먹이려는 행동이나 마찬가지이다.

사람들의 교류는 그들 모두에게 공통적인 인식의 기초를 그들에게 보여 주었고, 사람들은 이제 더 이상 이전의 망상으로 되돌아갈 수 없다. 죽은 자가 하나님 아들의 목소리를 듣고, 들은 자가 살아나는 시대가 도래하고 있고 또 이미 도래했다.

이 목소리를 억누를 수 없는데, 그 이유는 이 목소리가 누군가의 유일한 목소리가 아니라 개별적 각 사람 안에서도, 인류의 가장 훌륭한 사람들 안에서도, 현재 대부분의 사람 안에서도 이미 울리는 인류의 모든 이성적 의식의 목소리이기 때문이다.

참된 삶으로의 초대

톨스토이의 생애

레프 니콜라예비치 톨스토이(1828~1910)는 아주 오래된 러시아 귀족 가문의 넷째 아들로, 러시아 툴라 지방에 있는 야스나야 폴랴나에서 태어났다. 어린 나이에 양친을 잃고 고모 밑에서 컸지만, 좋은 가정 교육을 받았다. 톨스토이 가문은 제카브리스트 사건[50]에 연루되기도 한 전통 있는 귀족 가문이었고, 어머니 마리야는 예카테리나 2세의 총신이었던 볼콘스키 공작의 영애로, 레프 톨스토이가 태어나 살고 사망한 영지 야스나야 폴랴나를 부친에게서 물려받았다. 레프 톨스토이는 훗날 그 영지를 물려받아 그곳에 둥지를 틀고 문학적으로 풍성한 삶을 영위한다.

---

[50] 1825년 니콜라이 1세 등극을 계기로 러시아의 진보적인 귀족들이 입헌군주정 혹은 공화정으로 러시아를 개혁하고자 일으킨 반란이다. 3,000여 명의 귀족들이 연루되었고, 180여 명의 귀족들이 재판에 회부되었으며, 90여 명의 귀족들이 시베리아 유형을 당하고 5명이 교수형을 당했다.

그는 외교관이 될 생각으로 1844년 카잔대학교의 아랍-터키 학과에 입학했으나 1년 후 법학부로 옮겼다. 그러나 그는 대학을 졸업하지 않고 몇 년 동안 끈질기게 자신의 힘과 능력을 발휘할 곳을 찾았다. 그는 농업을 시작했고 가족 소유인 야스나야 폴랴나의 농노들의 생활 개선을 위해 노력했다. 그는 잠시 환락에 빠져 타락한 생활을 하기도 했지만, 공허하고 무용한 생활에 염증을 느껴 1851년에 캅카스의 의용병에 들어가 포병 장교가 된다. 그리고 캅카스로 가서 쓴 작품 《유년 시절》이 네크라소프에게 인정받아 1851년 잡지 「현대인」에 게재되면서 레프 톨스토이는 작가로 데뷔한다.

《유년 시절》(1851~1852), 《소년 시절》(1854) 《청년 시절》(1855~1857)에서 톨스토이는 자연주의의 현실적 원리를 사용한다. 그의 작품은 상세한 묘사, 객관성 및 간결성을 특징으로 한다. 체르니셰프스키는 톨스토이의 창작 작업 방법에서 두 가지 주요 특징, 즉 '영혼의 변증법'과 '도덕적 감각의 절대적 순수성에 대한 묘사'를 언급했다. 톨스토이는 처음에는 자원봉사자로, 그 다음에는 포병 장교로 크림 전쟁(1853~1856)에 참전하는데, 이 경험은 그에게 큰 시련이었다. 그의 전쟁 경험은 진실을 알고자 하는 관심을 첨예하게 만들었고, 인간 본성에 반대되는 현상인 폭력과 전쟁에 대한 그의 태도를 결정했다.

1855년부터 톨스토이는 문학잡지 「현대인」과 긴밀하게 작업

한다. 네크라소프, 투르게네프, 곤차로프, 체르니셰프스키 등이 이 잡지에서 작품을 출판했다. 레프 톨스토이는 문학의 새로운 방향을 추구하기 위해 1850년대 말 프랑스와 스위스를 여행하는데, 이때 받은 인상은 그의 지적 성숙에 큰 영향을 미쳤다. 한편으로 그는 '사회적 자유'에 대한 느낌에 충격을 받았고, 다른 한편으로는 파리에서 공개 처형되는 장면에 충격을 받았다. 어린 시절 양친의 죽음을 비롯해 수많은 친인척의 죽음을 겪은 톨스토이에게 이 장면은 인간의 죽음이 그가 끊임없이 숙고해야 할 주제임을 각인시켰다.

1860년대는 톨스토이의 재능이 꽃피운 시기였다. 바로 그때 그는 방대한 서사시인 《전쟁과 평화》(1863~1869)를 썼다. 그 후 1870년대의 초반은 교육 활동으로 가득 차 있었지만, 《안나 카레니나》(1873~1877)에 어느 정도 반영된 영적 위기의 증상은 1870년대 후반부터 커지기 시작했다. 그는 삶과 죽음, 이성과 믿음, 선과 악 등 인간 존재에 대한 영원한 문제로 고뇌했다.

1880년대 톨스토이의 삶은 주로 철학적 관심으로 점철되며 사회의 긴급한 문제에 민감하게 반응한다. 그리고 그를 중심으로 '톨스토이주의'로 알려지게 된 사상이 발전했다. 이사야 벌린은 톨스토이가 '서구주의적' 전망과는 거리가 멀었다고 지적한다. "시민의 책임에 대한 의식, 자연과학을 모든 진리로 이르는 관문으로 맹신하는 태도, 사회적·정치적 개혁, 민주주의, 물질적 진보, 세속주의 신봉 등의 혼합물을 톨스토이는 청년 시절부터 거부했다"는 것이다. 그는 "톨스토이가 자유주의자와 사회주의자를 경멸했고, 동시에 우익 성향의 인사들도 증오심을 갖고 바라보았다"고 했다. 톨스토이는 폭력과 강제를 동반하는 국가 권력 시스템, 그와 결탁한 종교적 도그마, 사유재산 제도, 재판 제도, 사회적 관습과 풍습 등을 모두 불의한 것으로 판단한다. 그는 인간이 선천적으로 타고나는, 영원하고 불변적 진리를 보는 능력, 즉 인간 이성의 힘을 믿고, 그 이성의 음성에 복종하는 삶, 소유가 아니라 존재에 집중하는 삶, 농촌에 기반을 두고 자급자족하며 절제하고 나누는 삶을 살아가야 한다고 역설한다. 그러므로 그의 사상은 정치적으로는 바쿠닌의 아나키즘과 가까운 면모를 가지게 된다.

그 시기의 가장 중요한 작품은《나는 무엇을 믿는가》(1883),《이반 일리치의 죽음》(1886),《그러면 우리는 무엇을 해야 하는가?》(1886),《인생에 대하여》(1887)《크로이처 소나타》(1889),《부활》(1895~1899),《산 송장》(1900),《우리 시대의 노예제도》(1899~1900) 등이다. 1890년대 초에 이르러 그의 윤리학과 미학, 역사철학, 삶과 죽음에 대한 이해, 종교에 대한 태도가 더욱 명확해졌다.

20세기 초에 작가, 사상가, 문화 및 공인으로서 톨스토이의 명성과 권위는 러시아의 한계를 넘어 전 세계로 뻗어 나갔다. 야스나야 폴랴나는 세계 문화의 많은 저명한 인물을 끌어들이는 정신적 중심지가 되었다. 동시에 그의 이타심과 봉사 사상, 그리고 세상과 단절하고 모든 삶을 변화시키려는 열망과 여전한 가족에 얽매인 삶 사이의 모순은 점점 더 깊어졌다. 톨스토이는 삶의 방식과 신념을 조화시키기 위해 비밀리에 야스나야 폴랴나를 떠났다가 곧 아스타포보 기차역에서 폐렴으로 사망한다.

참된 삶으로의 초대 : 《인생의 대하여》

톨스토이의 《인생의 대하여》는 《이반 일리치의 죽음》을 완성한 후 1886~1887년 사이에 집필되었다. 톨스토이는 58세 생일 전에 죽음과 불멸에 대한 사상을 정리하는 간략한 모음집을 구상한다. 그러던 중 1886년 1월에 네 살 반이 된 아들 알료샤를 잃고, 같은 해 여름에 건초 작업을 하던 중 부상을 입는데, 부상 부위를 잘 관리하지 않아 패혈증에 걸려 거의 죽을 고비를 넘긴다. 그는 3개월 동안 침대 생활을 하면서 모스크바 심리학회 회장인 그로트를 비롯해 그를 방문한 수많은 지인과의 대화와 글의 낭독, 토론을 거치며 《인생의 대하여》에 들어갈 글을 집필하기 시작한다.

아들의 죽음을 뼈아프게 느끼고, 또 죽음의 위기까지 겪는 가운데 집필된 책이기에 이 책은 결국 인간이 '죽음'으로 귀결되는 '삶'을 어떻게 살아 내야 하는지의 문제를 다루고 있다. 모스크바 심리학회 회장이었던 그로트와 긴밀한 교류와 토론 가운데 집필되고 톨스토이는 이 작품의 개요를 1887년 3월에 모스크바 심리학회에서 발표하고 1887년 말에 완성한다.

그러나 이 책이 출판되는 과정은 복잡했다. 개인적 구원의 문제를 자유 사상적으로 다룬다는 이유로 러시아 정교회의 검열에 걸려 출판이 금지된 것이다. 그래서 먼저 프랑스어로 번역되어 해외에서 출판되고, 러시아에서는 1917년 혁명 때까지 출판이 금지된다. 러시아에서 출판되었어도 사랑, 죽음의 공포, 육체적 고통에 대한 일부 내용만 톨스토이의 작품집에 들어가는 정도였다. 소비에트에서도 이 책은 행복한 삶에 대한 톨스토이의 처방이 공산주의 건설자들의 구미에 맞지 않았기 때문에 환영을 받지 못한다. 1928~1958년까지 발간된 전집 26권에 실리고, 1960년대와 1980년대에 서신들, 일기들과 함께 다시 출간되지만, 여전히 학자들의 큰 관심을 받지는 못한다. 소비에트의 붕괴 이후에도 상황은 마찬가지라서 2012년에 재출간되지만, 러시아에서 전집을 낼 때 특유의 방식인 꼼꼼한 고증과 해석을 거친 주석은 달리지 않는다.

《인생의 대하여》는 《참회록》(1879), 《교리신학 연구》(1880), 《4복음서》(1881), 《나는 무엇을 믿는가》(1883), 《그러면 우리는 무엇을 해야 하는가》(1886) 등과 더불어 톨스토이주의를 이해하는 데 핵심이 되는 저술이다. 《참회록》에서 보듯이 톨스토이를 어린 시절부터 사로잡아 움직이게 한 건 도덕적 완성을 향한 열망이었다. 그는 러시아 정교회의 교리를 믿고 정교의 가르침대로 성례에 참여하던 자신과 주변의 귀족들이 얼마나 타락하여 위선적 삶을 사는지를 보고, 그러한 삶을 교정해 주지 못할 뿐 아니라, 오히려 변호해 주는 것 같은 기독교 은혜의 교리에 반감을 품는다. 톨스토이는 인간의 원죄로 인한 전적 타락과 그 타락으로 인해 인간 자력으로의 갱생과 구원 불능, 인간의 죄에 대한 형벌을 대신 짐으로 인간을 구원하러 오신 하나님의 아들 예수 그리스도의 대속代贖 교리, 부활과 영생, 보혜사 성령의 내주하심을 통한 인간 구원의 완성이라는 기독교 교리의 틀을 용납할 수 없었다.

톨스토이는 눈앞에 보이는 인간의 힘으로 완성되는 도덕의 완성과 실천을 요구했고, 그 도덕적 실천의 완성체로 인간 예수 그리스도를 보았다. 예수 그리스도는 인간으로서 그에게 '악을 악으로 갚지 않는' 무저항주의와 사랑의 완성체로서 가치가 있었을 뿐 신적 위격을 지닌 존재는 아니었다. 톨스토이에게 살아 있는 삼위일체 하나님의 개념, 인간과 인격적 관계를 맺고 인간의 삶에 내주하고 개입하는 살아 있는 하나님의 개념은 거리가 멀다. 그는 하나님 개념을 '선'과 '진리'라는 범주와 같은 수준에 두었다. 그래서 그는 성경의 복음서에서 예수 그리스도와 관련하여 기적과 신비와 관련된 내용은 모두 삭제해 버린다.

톨스토이는 인간의 도덕적 완성을 가능하게 만들기 위해 인간의 이성을 일깨울 필요가 있다고 믿었고, 회심 이후 러시아와 러시아인의 '계몽(이성으로 깨우침)'을 위해 자신의 모든 필력을 사용했다. 그런 점에서 그는 18세기 유럽의 계몽주의와 가까웠다. 톨스토이는 자신이 특히 루소의 영향을 많이 받았다고 스스로 인정하는데, 원죄 사상을 거부하고, 정직하게 태어난 인간이 나쁜 교육과 타락한 문명으로 인해 망가졌다고 보는 시각, 자연에서의 단순하고 소박한 삶의 추구, 이성에 대한 믿음, 공식적인 종교(가톨릭 혹은 러시아 정교회)로부터 탄압을 받는 종교의 자유에 대한 옹호 등은 그를 루소와 가깝게 만든다.

톨스토이는 도덕적 갱생을 가능하게 해 주는 것을 인간의 이성적 의식이라고 보았다. 톨스토이에게 이성적 의식은 성경에 나오는 로고스로서 인간이라면 누구나 선천적으로 타고나는 것이고, 모든 인류가 공유하기에 소통을 가능하게 해 주고, 모든 인간에게 구속력을 지니며, 인류를 하나로 묶어 주는 근본이다. 이 이성적 의식은 인간에게 삶의 목적은 행복이지만, 동물적 욕망의 충족으로는 그 행복이 성취될 수 없다는 걸 끊임없이 자각하게 만든다. 이 이성적 의식은 시공간을 초월해 존재하고, 선조들의 의식을 통해 인류에게 계승되는 추상적 정신적 가치들로 이루어진다.

이성적 법칙에 따라 살아간 최고의 인간 예수 그리스도의 가르침이 그 가치들의 내용을 이룬다고 할 수 있고, 톨스토이는 자신의 여러 철학 저술에서 그 가치들을 정리하고자 노력했다. 톨스토이는 이성적 의식이 인간에게 인간이 마땅히 따라야 할 이성적 법칙을 상기시킨다고 보았다. 톨스토이는 인간은 개인적, 가족적, 종족적, 국가적 이기심을 뛰어넘는 이성적 법칙에 복종하며 살아갈 것을 요청한다. 이것이 《인생에 대하여》의 큰 주제이다.

이를 위해 톨스토이는 먼저 인생의 의미와 행복에 관한 질문에 답하는 두 가지 관점을 제시하고 이를 비판하기 시작한다. 그 두 가지란 율법주의자의 관점과 현학자의 관점이다.

율법주의자의 관점은 종교적 전통과 믿음, 일정한 예식에 따라 살면서 필요한 일을 했다고 안위하며 살고, 현세에서의 삶보다는 이승에서의 행복에 더 관심을 기울이는 맹목적인 종교적 관점이다.

현학자의 관점은 인간을 동식물과 마찬가지로 생물학적 법칙에 따라 살아가는 존재로 규정하고, 동식물의 삶을 연구함으로써 인간의 복지를 향상하는 데 이바지한다고 생각하는 관점이다. 이들은 19세기에 급부상하여 지성계를 사로잡은 다윈, 스펜서, 멜서스, 콩트 등과 같은 실증주의자들이다. 그러나 톨스토이가 보기에 이들이 제안하는 삶의 지침은 자아 충동의 만족 이외에는 아무것도 아니므로 헛된 것이다.

톨스토이는 세포에 생명이 있다고 보고, 세포와 미생물의 삶을 연구함으로써 인간 삶의 행복과 의미를 찾겠다는 관점은 물레방아를 잘 돌리기 위해서는 강을 연구해야 한다는 방앗간 주인의 어리석은 관점과 유사하다고 비꼰다. 톨스토이는 두 관점 모두 예의범절, 전통적 관습의 준수를 신성한 의무로 생각하고 살면서 필요한 일을 했다고 안위할 뿐, 그 관습의 합리적인 의미에 문제를 제기하지 않는다는 점에서 용납할 수 없다고 비판한다. 톨스토이는 겉으로 보기에 괜찮아 보이는 삶이 아니라, 진정으로 인간에게 참된 행복을 가져다주는 참된 삶이 무엇인지를 숙고하며, 자신의 새로운 종교, 신념 시스템을 구축한다.

인간이 마땅히 살아야 하는 '참된 삶'이 무엇인지를 마침내 추론해 내기 위해 톨스토이는 작품 전체에 끊임없는 이분법적인 대립 구도를 구축해 나간다. 그 대립 구도란 다음과 같다.

동물적 자아 : 이성적 의식

거짓 지식 : 참된 지식

거짓 삶 : 참된 삶

거짓 행복 : 참된 행복

거짓 사랑 : 참된 사랑

인간의 동물적 자아의 욕망, 욕구만을 만족시키는 삶, 동물적 생존을 충족시키는 삶을 행복이라고 생각하는 관점, 동물적 존재로서 인간을 탐구함으로써 행복에 도달하고자 하는 지식,

자신의 개인적 선호만을 만족시키는 편애적 사랑은 모두 거짓된 것이고, 인간의 이성적 의식이 지시하는 이성적 법칙에 복종하는 삶이 참된 삶이고, 인간이 복종해야 하는 이성적 법칙에 대한 지식이 참된 지식이고, 참된 삶이 인간에게 참된 행복을 준다고 본 것이다.

그렇다면 톨스토이가 말하는 이성적 법칙에 복종하는 삶이란 무엇인가.

톨스토이는 이성적 법칙의 최고 발현체가 이타적인 사랑이라고 본다. 사람의 삶의 법칙은 투쟁이 아니라, 그와는 반대로 존재 상호 간의 섬김이라고 보는 것이다. 삶의 목적은 세계 생물들의 무한한 깨달음이자, 연합으로써 보편적 생명의 움직임을 존재들 간 투쟁의 강화와 확대가 아니라, 불화의 축소와 투쟁의 약화로, 적대와 불화에서 화합과 일치로 나아가도록 하는 것이다. 톨스토이는 이를 위해 살인 행위, 노예제도를 금지하고, 동물을 희생시키는 육식肉食 대신 달걀과 우유를 먹을 것과 식물을 덜 파괴하고, 쾌락을 추구하는 대신 모든 면에서 절제하는 삶을 살 것을 제안한다. 톨스토이는 그리스도의 가르침에 따라 자기 자신을 내주는 사랑이 사람들에게 참된 생명을 준다고 주장한다.

인생을 논할 때 죽음과 고통의 문제를 외면할 수 없다. 톨스토이는 죽음이 궁극적으로 존재하지 않는다고 선언한다. 그는 잠을 자면 의식이 상실되지만, 그 의식이 죽지 않고 잠에서 깨어날 때 다시 살아나는 것처럼, 죽음도 그와 같다고 본다. 삶은 세계와 맺은 관계이고, 죽음은 새로운 관계로 진입하는 것일 뿐이며, 삶을 지탱하는 한 인간의 생명은 시공간 안에서 소멸함으로써 죽는 것 같아도, 그가 세계와 맺은 관계는 사라지지 않고 우리 안에 정신적 기억으로 영원히 살아간다고 보는 것이다. 톨스토이는 예수 그리스도가 육체적으로는 죽었지만, 그에 대한 기억과 그의 말씀은 지금까지도 영원히 그 영향력을 발휘하고 있다는 점이 그 예라고 역설한다.

톨스토이의 이러한 관점은 훗날 파스테르나크의《닥터 지바고》에서 계승 발전되어 나타난다. 톨스토이는 세계와 맺은 동물적이고 육체적 관계에만 머물지 않고, 이성적 법칙에 복종하고 사랑을 발현할 때, 그 이성적 의식은 주변 사람에게 빛을 비추는 영원성을 획득하게 된다고 주장한다. 톨스토이에게 부활은 추상적이고 비인격적인 의식의 부활, 정신적 가치의 부활이다.

톨스토이는 인간의 행복을 방해하는 요소로서 고통의 문제도 다루는데, 궁극적으로는 고통의 정당화로 나아간다. 고통을 통증의 차원에서 해석할 때, 통증이 없다면 어린아이는 사고로 일찍 죽을 가능성이 늘고, 임산부 또한 통증 없는 출산을 할 수 없으므로 통증은 선한 결과를 가져다주는 긍정적 힘을 가진 것으로 해석된다. 톨스토이는 고통을 개인적 삶의 행복을 위해 마땅히 있어서는 안 되는 절망과 악이므로 없애야만 하는 대상으로 보는 대신, 다른 이들과 뗄 수 없는 존재로서 참된 행복을 위해 참된 삶을 살도록 초청하는 활동, 즉 죄의식, 잘못으로부터의 해방, 이성 법칙에의 복종을 불러오는 것으로 수용할 것을 제안한다. 톨스토이는 고통의 문제를 모든 이의 죄의 결과로 인식하고, 그 죄를 인정하고 잘못에서 벗어날수록 고통의 괴로움에서 벗어날 수 있다고 주장한다. 톨스토이는 사랑으로 발현되는 활동을 통해 고통에서 벗어날 것을 제안한다.

톨스토이의 《인생에 대하여》는 철학자로서의 톨스토이의 사상의 근본 전제들을 확인해 볼 수 있는 작품이다. 자신의 주장을 뒷받침하기 위해 톨스토이가 사용하는 다양한 문학적 비유들, 예를 들면 물레방아와 강, 마구를 채운 말, 누에고치를 벗은 번데기, 적절한 태양을 받아 자라나는 씨앗, 원뿔 모양에 비유되는 생명과 의식의 영원성 등은 자칫 지루할 수 있는 논의들에 생명력을 부여하여 문인으로서 톨스토이의 재능을 확인시켜 준다.

동물적 만족을 행복이라고 생각하는 거짓된 삶이 아니라, 참된 행복을 위해 이성적 의식이 지시하는 이성적 법칙에 복종하는 좀 더 고차원의 삶을 살라고 하는, 눈앞의 이익을 추구하고 '나' 중심의 이기주의를 뛰어넘어 이웃과 자연을 생각하며 절제하고 사랑하며 살라는 톨스토이의 도덕적 가르침은 세대를 뛰어넘어 공감을 얻을 수 있는 가르침이다. 다만 톨스토이는 인간의 죄성을 추상적으로나마 인정했음에도 불구하고 그러한 삶을 살

수 있게 만드는 인간의 이성과 의지의 힘을 지나치게 믿었다. 그런 면에서 톨스토이는 도스토옙스키와는 다른 길을 간다. 톨스토이와는 달리 도스토옙스키는 인간 이성의 힘에 근본적인 의문을 제기했고, 인간 스스로 해결할 수 없는 죄성을 톨스토이보다 더 극명하게 인식했기 때문이다.

톨스토이는 스스로 자신이 말한 삶을 살려고 부단히 노력하지만, 그 열정의 실현은 아내와 가족들의 희생을 동반하지 않으면 안 되는 것이었으므로 바로 이웃인 아내와 끊임없는 갈등과 다툼 가운데 살 수밖에 없었다. 그가 말하는 사랑의 실현이 현실에서는 또 다른 고통을 가져올 수 있음을 그는 자기 삶을 통해 역설적으로 보여 준 것이다.

그의 사상이 기존 러시아 정교 신자들의 삶에 대한 강력한 비판으로부터 출발했다는 점은 시사점이 크다. 그의 사상은 공자, 노자, 부처, 브라만교 등 여러 종교의 가르침을 '참된 삶과 참된 행복의 영위'로 묶으려고 한다는 점에서 다원주의적인 종교관을 드러낸다. 인간이 이성 위에 구축한 새로운 종교 교리를 톨스토이주의라고 할 수 있고, 그의 사상은 인본주의에 속한다고 하기에 충분하다. 결국 톨스토이는 '인본주의'적 관점에서 기독교를 이용해 자신의 도덕 윤리 강령을 만들어 냈다고 할 수 있다. 누군가는 그의 가르침에 감명을 받을 것이고, 누군가는 그 한계를 바라보며 안타까움을 느낄 것이다. 모두 각자의 몫이라고 생각한다.

번역 후기

번역을 하면서 어려움이 많았다. 각주에도 설명했지만, '생명'에 해당하는 러시아어 단어 'жизнь'은 '삶', '인생'으로 다양하게 번역될 수 있다. '개인'에 해당하는 'личность'라는 단어는 '개성', '인격', '자아', '개체', '개체성' 등 다양하게 번역될 수 있다. 이 단어 중 단 하나로만 통일해서 번역하면 그 의미가 모호해지든지, 문맥에 맞지 않는 어려움들이 있었다. 각각의 맥락에 맞게 단어를 선정해서 넣는 것이 가장 어려웠다. 독자들 스스로 위의 개념들을 염두에 두고 읽으면 이해에 더 도움이 되지 않을까 한다.

톨스토이의 문장은 심오한 내용을 단순한 문장으로 풀고 있기에 번역하기가 까다로웠다. 부족한 부분이 많지만, 부디 그의 생각이 독자들에게 잘 전달되기를 바란다. 번역을 통해 톨스토이에 대해 보다 깊이 알게 된 것에 감사하다. 번역의 기회를 주신 출판사 북커스와 이동은 편집주간에게 감사드린다.

홍대화

레프 톨스토이 연보

1828년 9월 9일 니콜라이 일리치 톨스토이 백작의 넷째 아들로 툴라의 야
       스나야 폴랴나에서 태어나다. 어머니 마리야 니콜라예브나는 러시
       아의 유서 깊은 귀족인 볼콘스키 공작 가문 출신이다. 위로 5세인
       니콜라이, 2세인 세르게이, 1세인 드미트리 등 세 형이 있다.

1830년 8월 어머니가 여동생 마리야를 출산하다가 산욕열로 사망하다. 먼
       친척인 타티야나 알렉산드로브타 예르골스카야가 엄마의 역할을
       하다.

1837년 1월 모스크바로 이사하다. 6월 아버지가 툴라의 거리에서 급사하다.

1838년 6월 할머니 펠라게야 톨스타야가 사망하다. 고모인 알렉산드라 오
       스텐-사켄 백작 부인이 남매들의 후견인이 되다.

1841년 8월 알렉산드라 오스텐-사켄 백작 부인이 사망하다. 고모인 펠라게
       야 일리치나 유시코바 백작 부인이 남매들의 후견인이 되다. 고모
       펠라게야가 아이들을 자신이 사는 카잔으로 데리고 가다. 1847년까
       지 카잔에 체류하다. 유시코프 부부는 카잔의 가장 유력한 집안으로
       톨스토이는 사교계의 삶을 알게 되다. 카잔대학교에 입학하기 전까
       지 가정교사들로부터 프랑스어와 독일어를 완벽하게 구사할 수 있
       도록 배우다. 김나지움에서 아랍어와 터키-타타르어를 배우다.
       세르게이의 손에 이끌려 홍등가를 체험하다. 루소를 읽으며 그의 사
       상에 매료되다.

1844년 외교관이 되기 위해 카잔대학교 동양어대학 아랍-터키학과에 입학
       하다.

1845년 진급 시험에서 낙방하여 카잔대학교 법학부로 옮기다. 지도교수 메이어로부터 예카테리나 여제의 〈법률의 새 규정을 구성하기 위한 위원회에 대한 서문〉과 몽테스키외의 《법의 정신》을 비교하는 논문을 준비해 보라는 과제를 받다.

1847년 임질에 걸려 병원에 입원하다. 일기를 쓰기 시작하다. 4월 후견인이 관리 중이던 유산을 형제들, 누이와 합의하에 나눠 받다. 전통적으로 막내에게 돌아가게 되어 있던 야스나야 폴랴나를 물려받다. 카잔대학교에 자퇴 원서를 내다. 야스나야 폴랴나로 돌아와 농지 상황의 개선, 농노 환경 개선을 위해 노력하지만, 성과를 보지 못하다.

1848년 10월 중순부터 모스크바로 옮겨 가서 주색과 도박 등 방탕한 생활을 하다.

1849년 2월 상트페테르부르크로 옮겨 법학사 자격시험 중 두 과목에 합격하지만, 세 번째 과목은 보지 않다. 여름에 음악에 심취하여 한 주점에서 만난 루돌프라는 독일 음악가를 데리고 야스나야 폴랴나로 돌아가다. 11월에 툴라 지방귀족위원회가 관장하는 법률 심판소 위원으로 선임되어 툴라로 옮기다.

1850년 겨울부터 《유년 시절》을 쓰기 시작하다.

1851년 3월 《어제의 역사》를 쓰다. 12월 캅카스에서 복무하던 형 니콜라이가 야스나야 폴랴나로 와서 캅카스로 가자고 청하다. 모스크바에서 도박으로 큰 돈을 잃은 후 4월 형과 함께 아무 목적 없이 캅카스로 가다. 캅카스에서 군 복무를 하려고 하지만 서류 미비로 5개월 동안 퍄티고르스크에서 사냥을 하며 보내다. 가을에 티플리스에서 시험에 합격하여 형 니콜라이가 복무하던 포병 중대 하사관으로 입대하다. 그후 2년간 포병 하사로 복무하다.

1852년 5월 《유년 시절》을 완성하여 7월에 'L. N. T.'라는 이니셜로 네크라소프의 「현대인」지에 기고하다. 9월부터 《유년 시절》이 연재되어 큰 성공을 거두다. 투르게네프, 곤차로프, 고리고로비치, 오스트롭스키, 그리고리예프, 안넨코프, 드루지닌, 체르니셰프스키와 같은 당대 유명 젊은 작가 그룹에 들다. 중편 《지주의 아침》을 쓰기 시작하다. 12월 《습격》을 완성하다. 《카자흐 사람들》을 쓰기 시작하다.

1853년 9월《당구 점수 계산원의 수기》를 쓰기 시작하다. 연말에 다뉴브 군
포병 여단으로 옮기다.

1854년 1월 소위보로 진급하다.《소년 시절》을 발표하다. 11월부터 1855년
8월까지 세바스토폴에서 근무하다.《세바스토폴 1854년 12월》을 완
성하여 「현대인」지에 보내다. 병사들을 위한 『군인신문』을 출간하
려고 계획하지만, 정부의 허락을 받지 못해 성사되지 못하다. 세바
스토폴 방어전으로 성 안나 훈장을 받고, 훗날 두 개의 훈장을 더 받
다. 군 생활을 하면서도 여전히 주색과 도박에 빠지다.

1855년 1월 도박으로 야스나야 폴랴나를 잃다. 3월《청년 시절》을 쓰기 시
작하다.《삼림벌목》이 발표되다. 11월 전령으로 상트페테르부르크
로 옮기다. 「현대인」지의 문인들인 투르게네프, 네크라소프, 곤차로
프, 오스트롭스키, 페트 등의 환대를 받다.

1856년 투르게네프와 불화를 겪다. 1월 형 드미트리가 폐결핵으로 사망하
다. 3월 육군 중위로 제대하다.《세바스토폴 1855년 5월》,《세바스토
폴 1855년 8월》을 1856년 「현대인」 첫 호에 발표하다.《눈보라》를
탈고하다. 형의 유산으로 빚을 갚고 7월에 야스나야 폴랴나로 돌아
오다. 발레리아 아르세네바와 결혼 이야기가 오가고 결혼 날짜까지
잡지만 톨스토이가 갑자기 도망치다. 이후《가정의 행복》을 쓰다.
《지주의 아침》이 발표되다.

1857년 1월《청년 시절》을 발표하다. 네크라소프와 투르게네프의 손에 이
끌려 처음 유럽을 여행하다. 파리에서 단두대 처형을 보고 서구 문
명이 만들어 낸 사회제도에 환멸을 느끼다. 제네바에서 사촌인 리사
와 알렉산드라 자매와 재회하다. 알렉산드르 2세의 딸 마리아 공주
의 교육을 맡은 알렉산드라와 평생 깊은 우정을 나누다. 7월에 귀국
하여 야스나야 폴랴나에서 농사를 짓다.《루체른》을 탈고하다.

1858년 여름 농부의 아내 악시냐 바지키나와 내연의 관계를 맺다. 사생아
티모페이를 낳다. 티모페이는 톨스토이 적자들의 마부로 평생을
살다.

1859년 야스나야 폴랴나에서 아이들 20명을 대상으로 학교를 시작하다.

1860년 7월 서구의 교육제도를 시찰하기 위해 유럽으로 떠나다. 독일, 이탈

리아, 영국 등을 방문하다. 9월 큰형 니콜라이가 폐결핵으로 사망하다. 프루동, 게르첸 등과 조우하다.

1861년 4월 귀국하다. 농노해방의 여파로 툴라의 치안판사(분쟁 조정관)으로 임명되다. 톨스토이가 농민의 편에 서자, 사법당국이 그를 혁명 분자로 간주하다. 투르게네프와 결투 소동 끝에 결별하다.

1862년 2월 분쟁조정관의 직무를 사임하다. 교육 잡지「야스나야 폴랴나」를 간행하다.《카자흐 사람들》을 탈고하여 카트코프의「러시아 통보」에 발표하다. 5월 바시키르 초원으로 요양을 가다. 그 사이에 야스나야 폴랴나의 집이 가택수색을 당하다. 9월 시의侍醫 베르스의 둘째 딸 소피야 안드레예브나 베르스와 결혼하다. 신부의 생일선물로 톨스토이는 성적 방종의 목록인 자신의 일기를 읽게 해 주다. 젊은 신부의 설득으로 야스나야 폴랴나의 농민학교를 폐쇄하다.

1863년 교육 잡지「야스나야 폴랴나」를 휴간하다.《홀로스토메르》를 발표하다.《카자흐 사람들》이「러시아 통보」에 발표되다. 6월 맏아들 세르게이가 태어나다. 여름《데카브리스트》집필에 몰두하다.《전쟁과 평화》의 전 작업으로 1812년 전쟁을 연구하기 시작하다.

1864년 《작품 선집》1, 2권을 발간하다. 9월 맏딸 타티야나가 태어나다.《전쟁과 평화》를 준비하는 작품인《1805년》을 쓰기 시작하다. 낙마하여 팔이 부러져 모크스바에서 치료를 받다.

1865년 《전쟁과 평화》의 첫 부분이《1805년》이라는 제목으로「러시아 통보」2월호에 발표되다.

1866년 《1805년》2부가「러시아 통보」2월, 3월, 4월에 발표되다. 5월 아들 일리야가 태어나다. 여름《전쟁과 평화》를 직접 출판하기로 결정하다. 7월 중대장 폭행범으로 군법회의에 회부된 사병 바실리 샤부닌을 변론하지만 변호에 실패하다. 9월에 나폴레옹 전쟁 시 보로지노 전투가 벌어진 곳을 견학하다.

1867년 3월《1805년》의 제목을《전쟁과 평화》로 바꾸기로 결정하다. 여름에《전쟁과 평화》를 개정하다.

1868년 《전쟁과 평화》전 3권의 초판이 발행되다. 3월《전쟁과 평화》에 대한 몇 마디》를「러시아 고문서」라는 잡지 3월호에 발표하다.《전쟁과 평화》제4권이 발행되다.

1869년 아들 레프가 태어나다.《전쟁과 평화》를 완결하다. 여행 중 소도시
아르자마스에서 탈진하여 죽음의 절망과 공포를 경험하다.

1870년 겨울 독감에 걸려 침대에 누워 쇼펜하우어, 괴테, 셰익스피어, 몰리
에르 등을 읽다. 그리스어를 공부하기 시작하다. 사마라에 영지를
사다.

1871년 딸 마리야가 태어나다.

1872년 1월 불륜 끝에 열차에 몸을 던져 자살한 대령의 딸 안나 지코바를
목격하다. 농민학교를 다시 열다. 농민학교를 위한 교과서《알파벳》
을 간행하다. 여름, 쿠미스 요법을 받기 위해 사마라를 방문한 사이
경찰이 야스나야 폴랴나를 수색하다. 야스나야 폴랴나로 돌아온 후
가택 연금을 당하다. 〈신은 진실을 알지만 다만 기다릴 뿐이다〉를
써서《알파벳》에 넣다. 10월 혐의가 풀려 가택 연금에서 풀려나다.

1873년 《안나 카레니나》를 쓰기 시작하다. 사마라 지방에서 빈민 구제 사업
에 힘을 쓰다. 기근구호자금으로 200만 불이 넘는 기금을 조성하다.
〈읽기 쓰기 교육 방법에 관하여〉를 『모스크바 신문』에 게재하다.
11월《톨스토이 작품집》전 8권이 출간되다. 9월 크람스코이가 톨스
토이의 초상을 그리다. 11월 아들 표트르가 출생 14개월 만에 사망
하다. 과학아카데미의 준회원이 되다.

1874년 어머니를 대신하던 타티야나 알렉산드로브타 예르골스카야가 사망
하다.

1875년 1~4월《안나 카레니나》를 「러시아 통보」에 연재하다. 2월 아들 니
콜라이가 10개월 만에 사망하다. 딸 바르바라가 태어나자마자 사망
하다. 후견인이었던 펠라게야 유시코바 고모가 사망하다. 처제 타냐
의 아들의 사망, 형 세르게이의 아들의 사망 등 수많은 죽음을 겪고,
자살의 욕망에 사로잡히다.

1876년 《안나 카레니나》를 1~5월, 12월에 연재하다. 전통 정교회의 신앙으
로 돌아가려고 노력하다.

1877년 4월《안나 카레니나》를 탈고하다. 카트코프가 거절한《안나 카레니
나》의 마지막 장을 독립된 소책자로 출판하다. 전통 정교회 신앙에

대한 회의로 인해 고뇌하기 시작하다.

1878년 1월《안나 카레니나》를 단행본으로 출판하다. 데카브리스트를 연구
하기 위해 모스크바와 상트페테르부르크를 방문하다. 투르게네프
와 화해하여 서로를 교대로 방문하다.

1879년 《참회록》을 집필하다. 키예보 페체르스카야 수도원을 방문하다. 종
교적 갈등으로 괴로워하다.《데카브리스트》집필을 포기하고《나는
무엇을 믿는가》를 집필하기 시작하다. 아들 미하일이 태어나다.

1880년 2월《교리신학 연구》를 집필하다.《요약복음서》를 집필하다. 11권
으로 구성된 전집 제4판을 출판하다.《참회록》을 완성하다.

1881년 2월 도스토옙스키의 사망 소식을 듣고 슬퍼하다. 3월 알렉산드르
2세가 테러로 사망하다. 알렉산드르 3세에게 테러리스트들을 그리
스도의 사랑으로 용서하라는 편지를 보내다.《요약복음서》를 완성
하다.《사람은 무엇으로 사는가》를 완성하다. 옵티나 수도원을 방문
하다. 모스크바로 이사하다.

1882년 모스크바 국세조사에 참가하다. 도시 빈민의 비참한 현실을 보고
《그러면 우리는 무엇을 할 것인가》를 쓰기 시작하다.《참회록》을
「러시아 사상」에 발표하려고 하지만 발행 금지되다. 히브리어를 배
워 구약성서를 읽다. 모스크바의 돌고-하모브니체스키 거리에 있는
집을 구입하다. 포베도노스체프가 톨스토이의 종교적 저작에 대한
검열을 강화하다. 작위를 사용하지 않겠다고 선언하다.《이반 일리
치의 죽음》을 쓰기 시작하다.

1883년 8월 투르게네프가 사망하다.《나는 무엇을 믿는가》를 집필하다. 아
내에게 재산에 관한 법적 권한을 넘기다. 10월 톨스토이의 오른팔이
자 제자인 체르트코프와 알게 되다.

1884년 2월《나는 무엇을 믿는가》를 완성하지만 당국에 압수당하다. 금연
과 채식주의를 시작하다. 6월 아내와 불화로 가출을 시도하다. 딸
알렉산드라가 태어나다. 체르트코프가 '중개'라는 출판사를 차려 톨
스토이의 작품을 출판하기 시작하다. 헨리 제임스의 저작들을 읽고
사유재산을 부정하기 시작하다. 이후 허술한 영지 관리로 수입이 줄
다. 체르트코프는 러시아에서 출판되기 힘든 톨스토이의 주요 저작

들을 번역하여 영국, 독일, 프랑스 등에서 출판하기 시작하다. 제네
바에서 《참회록》이 출간되다.

1885년 「러시아 사상」에 《그러면 우리는 무엇을 할 것인가》를 게재하지만,
판매 금지되다. 금연, 금주, 채식주의를 철저히 지키고 사냥도 중단
하다. 《사랑이 있는 곳에 하나님이 있다》를 출판하다. 톨스토이 부
인이 톨스토이 전집을 출판하는 출판사를 모스크바에 열다. 《홀로
스토메르》를 출판하다. 모스크바의 심리학회 회장인 그로트와 알
게 되다.

1886년 아들 알렉세이가 사망하다. 《이반 일리치의 죽음》을 출판하다. 여름
야스나야 폴랴나에서 건초를 베던 중 크게 다쳐 패혈증으로 죽을 고
비를 넘기다. 이때 《인생에 대하여》를 구상하다. 가족들, 사촌인 알
렉산드라와 그로트 앞에서 《인생에 대하여》의 일부를 낭독하며 완
성해 나가다. 희곡 《어둠의 힘》을 집필하다.

1887년 3월 모스크바 심리학회에서 《인생에 대하여》의 개요를 낭독하다.
포베도노스체프가 희곡 《어둠의 힘》을 출판 금지하려고 하지만, 이
미 출판되다. 6월 법률가 월 코니가 절도 혐의로 기소된 매춘부의
이야기를 해 주고, 이 이야기는 훗날 《부활》의 기초가 되다. 《인생에
대하여》를 탈고하다. 《크로이체 소나타》를 쓰기 시작하다.

1888년 파리 극장에서 《어둠의 힘》을 상연하다. 《인생에 대하여》를 전집
13권에 넣으려고 하다. 3월 아들 이반이 태어나다. 4월 종무원에서
《인생에 대하여》를 출판 금지하다.

1889년 3월 프랑스에서 프랑스어판으로 《인생에 대하여》를 출판하다. 《크
로이체 소나타》를 탈고하다. 《악마》를 쓰기 시작하다. 《부활》을 쓰
기 시작하다.

1890년 《크로이체 소나타》 출판 금지를 당하나 이미 석판 인쇄본으로 유통
되다.

1891년 톨스토이 부인 소피야가 《크로이체 소나타》를 전집 8권에 넣어 출
판해도 된다는 허가를 받아 내다. 《악마》를 탈고하다. 4월 가족에게
재산을 분배하다. 여름 《세르게이 신부》를 집필하다. 러시아 동부에
기근이 일어나자, 기근 지역에 식사 배급소를 열다. 〈무서운 질문〉

을『모스크바 신문』에 기고하여 정부의 무능을 비판하다.《신의 왕국은 당신 안에 있다》를 집필하다. 9월 81년 이후 작품의 저작권 포기와 관련된 편지가「러시아 통보」등에 실리다.

1892년   기근에 관한 논문들을 발표하다. 기근에 대응해 재해기금을 모으고 전집의 수익금을 재해지로 보내다. 5월 채식주의에 관한 수필 〈첫 단계〉가 발표되다.

1893년   5월《신의 왕국은 당신 안에 있다》를 탈고하여 해외에서 출판하다. 국내에서는 불법 출판물로 읽히다. 〈헤이그 만국 평화회의에 대하여〉를 집필하다.

1894년   모스크바 심리학회 명예회원으로 추대되다. 니콜라이 2세가 등극하다. 〈기독교와 애국심〉을 집필하다. 두호보르 교도들과 만나다. 연말에 아들 레프가 정신병원에 입원하다. 저작권 문제로 아내 소피야가 여러 번 히스테리에 빠지다.

1895년   2월 아들 이반이 사망하다.《주인과 하인》을 탈고하다. 자전거 타기를 배우다. 희곡《어둠의 힘》이 황실 극장에서 공연 허락을 받다. 이후 여러 극장에서 상연되다.《부활》을 계속 집필하다. 8월 체홉에게 《부활》의 초고를 주다. 10월 두호보르를 돕기 위해『런던 타임스』에 〈러시아의 기독교인 박해〉를 게재하다. 12월 농민들의 태형을 다룬 칼럼 〈부끄럽다〉를 발표하다.

1896년   1월 〈애국심인가, 평화인가?〉를 완성하다. 이후 제네바에서 출판되다.《교리신학 연구》가 제네바에서 출판되다. 헨리 조지와 편지를 교환하다.《부활》을 계속 집필하다. 두호보르에게 1000루블을 보내다.

1897년   3월 모스크바에 있는 병상의 체홉을 방문하다. 아내 소피야가 음악가 타네예프와 가깝게 지내다. 10월《예술이란 무엇인가》를 탈고하다.

1898년   1월《하지 무라트》를 쓰기 시작하다. 2월 출판사 '중개'에서《예술이란 무엇인가》가 출간되다. 4월 툴라 오룔현 빈민 구제 활동을 벌이다. 5월 칼럼 〈기아인가, 기아가 아닌가?〉를 쓰다. 6월《성자 세르기》를 집필하다. 7월 두호보르를 돕기 위해《부활》작업에 다시 돌입하다. 8월 칼럼 〈두 전쟁〉을 쓰다. 9월 탄생 70주년 축하 연회가 열리다. 11월《부활》의 삽화를 위해 레프 파스테르나크가 야스나야 폴랴나를 방문하다.

1899년 3월 「니바」에서 《부활》을 연재하기 시작하다. 11월 캐나다의 두호 보르에게 《부활》로 「니바」에서 받은 수익금을 보내다. 12월 《부활》을 완성하다.

1900년 1월 노동문제를 다루는 〈새로운 노예제도〉에 대한 작업을 계속하다. 고리키와 만나다. 4월 〈애국심과 국가〉를 탈고하다. 5월 《산 송장》을 집필하다. 〈새로운 노예제도〉의 제목을 〈우리 시대의 노예제도〉로 바꿔 6월에 탈고하다. 릴케가 방문하다. 〈진정으로 그게 필요한가?〉, 〈죽이지 마라〉를 발표하다.

1901년 2월 《하지 무라트》를 집필하다. 러시아 정교회에서 파문당하다. 파문으로 인해 톨스토이에 대한 동정 여론이 들끓다. 3월 〈황제와 그의 보좌진들에게〉를 발표하다. 3~4월 〈2월 20~22일 종무원의 결정과 이와 관련되어 내가 받은 편지에 대한 답변〉을 쓰다. 〈유일한 수단〉(혹은 〈노동 민중에게는 무엇이 필요한가〉), 〈누가 옳은가〉를 집필하다. 7월 말라리아로 죽을 고비를 넘기다. 8월 〈성적인 문제에 대한 톨스토이의 생각〉이 나오다. 9월 발병하여 크림으로 요양을 가다. 〈종교란 무엇이고, 그 본질은 어디에 있는가?〉, 〈신앙의 자유〉를 쓰다. 니콜라이 2세에게 토지 소유의 부당한 권리의 폐지, 현 상황에서 벗어나는 방법, 탄압 등에 대해 다루는 편지를 쓰다.

1902년 황제에게 쓴 편지를 보내다. 폐렴을 크게 앓으면서도 미완의 논문들을 구술로 집필하다. 7월 〈노동 민중에게〉가 나오다. 야스나야 폴랴나에 화재가 일어나다.

1903년 심부전 등으로 병상에 눕다. 매일 읽을 성현들의 글 모음 작업을 시작하다. 8월 《앗시리아 황제》, 《세 가지 질문》, 《노동과 죽음과 병》을 수정하다. 《매일 읽는 현자들의 사상》 모음집이 세상에 나오다. 8월 《무도회가 끝난 뒤》를 집필하다. 단편 《위조지폐》를 집필하다.

1904년 2~4월 러일전쟁을 반대하는 논문 〈심사숙고하라〉를 집필하다. 3월 사촌이자 절친이었던 알렉산드라 톨스타야가 사망하다. 8월 셋째 형 세르게이 톨스토이가 사망하다. 《인생독본》 서문을 작성하다. 《하지 무라트》를 탈고하다.

1905년 1~2월 〈러시아의 사회운동에 대하여〉를 집필하다.《인생독본》의 작업을 지속하다. 3월 논문 〈푸른 지팡이〉를 쓰기 시작하다. 〈민중의 변호인〉을 쓰기 시작하다. 〈헨리 조지의 기획에 따른 농지 문제의 해결에 대하여〉를 발표하다. 단편《기도》를 쓰고 수정하다. 7~8월 논문 〈세상의 종말〉을 집필하다.

1906년 1월 논문 〈정부와 혁명가들과 민중〉을 발표하다.《인생독본》을 다시 작업하여 출간하다. 셰익스피어에 대한 논문들이 발표되다.《어린이를 위한 독본》,《두 개의 길》, 〈무엇을 위하여〉, 〈파스칼〉, 〈자신을 믿어라〉, 〈신적인 것과 인간적인 것〉 등을 집필하다. 9월 아내 소피야가 중병을 앓다. 11월 딸 마리야가 사망하다. 러시아 학술원에서 톨스토이를 노벨상 후보로 추대했다는 소식을 듣고, 핀란드의 문인인 아르비드 먀르네펠트에게 자신이 노벨상을 받지 못하게 영향력을 행사해 달라는 편지를 보내다.《4복음서 편역》이 출간 금지된 톨스토이 작품 전집 3권에 포함되어 출간되다.

1907년 1월 논문 〈무엇을 할 것인가〉를 발표하다. 4월 〈노동 민중을 어떻게 해방할 것인가?〉를 수정하다. 〈우리의 인생관〉을 완성하다.《어린이를 위해 기술된 그리스도의 가르침》을 집필하다. 6월 붓다에 대해 읽다. 7월 체르트코프의 추방령이 해제되다. 8월 공자의 책을 읽다. 〈아무도 죽이지 마라〉를 집필하다.《새 인생독본》작업을 지속적으로 하다. 야스나야 폴랴나에 폭력 사건과 절도사건이 일어나다. 아내 소피야의 남동생이 실직 노동자에 의해 살해당하다. 경찰이 그의 영지에서 농부들을 체포하다. 10월 야스나야 폴랴나 어린이들과의 저녁 수업을 잠시 재개하고 11월에 그만두다. 11월 〈도덕적 문제에 대한 아이들과의 대화〉를 발표하다.

1908년 1월 에디슨이 축음기를 선물로 보내다. 5월 사형제도 폐지를 옹호하는 논문 〈침묵할 수 없다〉를 완성하다. 〈폭력의 법과 사랑의 법〉을 집필하다. 6월 체르트코프가 야스나야 폴랴나 근처에 정착하다. 체르트코프의 출판사 '중개'가 압수수색을 당하다. 8월 모든 저술이 '공공기관의 소유'로 이전되어야 한다는 유언장을 구세프에게 새로 구술하다. 이 새 유언장으로 인해 아내 소피야와의 갈등이 더욱 심화되다. 탄생 80주년을 맞이하다. 12월 〈기독교와 사형〉을 집필하다. 에디슨의 축음기에 러시아어, 프랑스어, 영어로 목소리를 녹음하다. 〈선한 사람에 대한 우화〉를 영어로 녹음하다.

1909년 중편《누가 살인자인가?》를 집필하다. 5월 〈혁명은 피할 수 없다〉를 집필하다. 8월 비서 구세프가 유형에 처해지다. 10월 딸 사샤와 체르트코프의 설득으로 81년 이후의 저작권은 체르트코프에게 귀속된다는 유언장을 작성하다.

1910년 1월《인생의 길》을 완성하다. 2월 단편《호단카》를 집필하다. 5월 세계 평화회의에 초대받다. 7월 저작권이 딸 사샤, 다음에는 타냐에게 귀속되고, 그 후에는 그 자녀들에게 귀속된다는 유언장을 다시 작성하다. 체르트코프가 유언장에 대한 보충 설명문에 톨스토이의 죽음 이후에 그의 모든 저작은 그 누구의 소유도 아니며, 출판되지 않은 모든 저작의 출판과 편집은 체르트코프에게 맡겨진다는 내용을 적고 톨스토이가 사인하다. 8월 〈세상에 죄인은 없다〉를 개작하다. 10월 체르트코프의 방문으로 아내 소피야가 히스테리를 일으키다. 11월 야스나야 폴랴나를 떠나다. 와병으로 우랄 철도의 작은 시골역 아스타포보 간이역에 내려 역장 사택에 머물다. 11월 20일 사망하다. 장례는 사회장으로 치러지고 유언에 따라 야스나야 폴랴나 '자카스' 숲에 영면하다.

인생에 대하여

초판 1쇄 발행 2024년 12월 20일

지은이 레프 톨스토이
옮긴이 홍대화

주간 이동은
편집 김주현 성스레
미술 임현아 김숙희
마케팅 사공성 김상권 장기석
제작 박장혁 전우석

발행처 북커스
발행인 정의선
이사 전수현

출판등록 2018년 5월 16일 제406-2018-000054호
주소 서울시 종로구 평창30길 10 (03004)
전화 02-394-5981~2(편집) 031-955-6980(마케팅)
팩스 031-955-6988

ISBN 979-11-90118-85-9 (04080)
      979-11-90118-84-2 (04080) (세트)

• 북커스(BOOKERS)는 (주)음악세계의 임프린트입니다.
• 값은 뒤표지에 있습니다.
• 파본이나 잘못된 책은 구입하신 서점에서 교환해 드립니다.